この本で学ぶこと

　この本では、Scratchを使ってプログラミングを学びます。プログラミングは、コンピュータのプログラムを作ることです。プログラムというと、ゲームを作ったり、ロボットを動かしたりすることを思い浮かべるでしょう。でも特に大切なのは、「仕事の順番」を考えることです。

　プログラムが正しく動くためには、いろいろな場面や条件でどう動くかを細かく決めておかなければなりません。だからプログラムを作るときには、いろいろな条件の中で一番よい仕事の順番を考えます。その「仕事の順番を考える力」は、プログラムだけではなく計画を立てるときなど、さまざまな場面で役に立つ力です。

　これからもますますコンピュータとの関わりが多くなりそうです。プログラミングをきっかけにして、コンピュータにどんな仕事を任せるかとか、人の仕事とコンピュータの仕事の違いにも目を向けてもらえたらと願っています。

この本の使い方

　この本はプログラミングの練習帳ですから、自分で考えて取り組むワークがたくさん出てきます。ワークは次のような形をしています。

☐ 01. ｜ スペース▼ キーが押されたとき と ニャー▼ の音を鳴らす を使ってスペース（空白）キーを押すと、ネコが鳴くようにできますか？

　先頭の☐はチェックボックスです。できたら「✔」を入れて先に進みましょう。
　ワークの前には必ず説明があります。説明を飛ばさずに読めば、ワークは自分でできるはずです。各章の最後には「こたえと説明」があります。間違っていたらその前の説明をもう一度読みましょう。途中の説明やワークをとばすとわからなくなりますから、落ち着いて順番に練習してください。

　なお、主なワークのこたえを「https://scratch.mit.edu/users/wkbook」で実行できます。プロジェクト名は4桁の番号で、前2桁が章、後ろ2桁がワークの番号です。

はじめに

目次

はじめに ……………………………………………………………… (2)

1章 Scratchに参加しよう　001

- Scratchとは ……………………………………………………… 002
- マウスの使い方 …………………………………………………… 002
- ブラウザを起動する ……………………………………………… 003

2章 Scratchを使ってみよう　009

- サインインのしかた ……………………………………………… 010
- プロジェクトの作りかた ………………………………………… 010
- 漢字とひらがなの選び方 ………………………………………… 011
- 名前のつけかた …………………………………………………… 011
- Scratchで使うことば …………………………………………… 012
- Scratchの画面 …………………………………………………… 013
- ブロックカテゴリ ………………………………………………… 014
- ブロックを使ってみる …………………………………………… 015
  - ネコのコード …………………………………………………… 015
  - ●全角文字と半角文字に注意 …………………………………… 016
- 座標 ………………………………………………………………… 017
- Scratchの終わり方 ……………………………………………… 020
- こたえと説明 ……………………………………………………… 021

(3)

3章 図形を描こう　023

- プロジェクトを開く ……………………………… 024
- 線を描く ………………………………………… 025
  - ネコのコード ………………………………… 025
- 線を描くまえの準備 ……………………………… 026
  - ●スプライトの準備 …………………………… 026
  - ●ペンの準備 …………………………………… 027
  - ●ステージの準備 ……………………………… 028
- 正方形を描く ……………………………………… 028
- イベント …………………………………………… 029
- 正多角形を描く …………………………………… 030
- 発展学習 …………………………………………… 031
- こたえと説明 ……………………………………… 032

4章 音楽のプログラムを作ろう　037

- イベントを理解する ……………………………… 038
  - ネコのコード ………………………………… 038
- ドラムを作る ……………………………………… 039
  - ドラムのコード ……………………………… 040
- 音階が出せる楽器を作る ………………………… 041
  - サックスのコード …………………………… 041
- 自動演奏 …………………………………………… 042
  - ネコのコード ………………………………… 042
- こたえと説明 ……………………………………… 045

5章 ピンポンゲームを作ろう　047

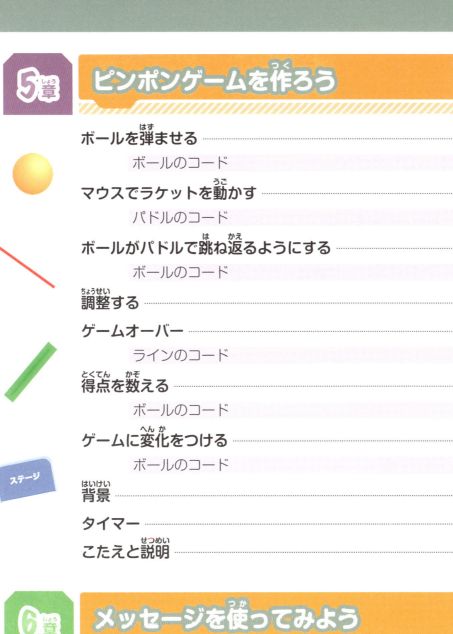

- ボールを弾ませる ……………………………………………… 048
  - ボールのコード …………………………………………… 048
- マウスでラケットを動かす …………………………………… 050
  - パドルのコード …………………………………………… 050
- ボールがパドルで跳ね返るようにする ……………………… 051
  - ボールのコード …………………………………………… 051
- 調整する ………………………………………………………… 052
- ゲームオーバー ………………………………………………… 053
  - ラインのコード …………………………………………… 054
- 得点を数える …………………………………………………… 054
  - ボールのコード …………………………………………… 054
- ゲームに変化をつける ………………………………………… 056
  - ボールのコード …………………………………………… 056
- 背景 ……………………………………………………………… 057
- タイマー ………………………………………………………… 058
- こたえと説明 …………………………………………………… 059

6章 メッセージを使ってみよう　065

- メッセージを送る ……………………………………………… 066
- 会話する ………………………………………………………… 067
- 3人で数を数える ……………………………………………… 068
  - プログラムの動作 ………………………………………… 070
  - 別なスプライトのコードエリアにコピーする方法 …… 070
- 倍数 ……………………………………………………………… 071
- 倍数か調べて声に出す ………………………………………… 071
- こたえと説明 …………………………………………………… 073

(5)

7章 ボール！集まれ！ 077

クローンの練習 ……………………………… 078
ボールのコード 078
● まとめ 079

ボールが動き回る ……………………………… 080
ボールのコード 080

ネコが5秒ごとに鳴く ……………………………… 081
ネコのコード 081

ボールを止める ……………………………… 081
ネコとボールのコード 081

ボール！集まれ！ ……………………………… 082
ネコのコード 082
ボールのコード 082

発展学習 ……………………………… 083
ネコのコード 083

こたえと説明 ……………………………… 084

8章 シューティングゲームで遊ぼう 087

ゲームの説明 ……………………………… 088
発射台を作る ……………………………… 088
ケーキのコード 088

弾丸を作る ……………………………… 089
いちごのコード 089
いちごのコードと、ケーキのコード 090

背景と標的 ……………………………… 091
贈り物のコード 091

発展問題 ……………………………… 092
こたえと説明 ……………………………… 093

9章 最大値を見つけよう　099

2つの数から大きい方を選ぶ　100
- ネコのコード　100
- イヌのコード　101

3つの値から一番大きいものを選ぶ　102
- ネコのコード　102
- イヌのコード　102

たくさんの中から一番大きいものを選ぶ　103
- ネコのコード　104
- イヌのコード　105

発展問題　107
こたえと説明　108

10章 数を並べ替えてみよう　113

ソートする手順を考える　114
2つの値を交換する手順　115
ソートのプログラム　116
- ネコのコード　116
- イヌのコード　117

こたえと説明　119

11章 複雑な図形を描いてみよう　121

円を描くブロックを作る　122
- 鉛筆のコード　123

C曲線　126
- 鉛筆のコード　127

(7)

ドラゴンカーブ	131
プロジェクトをコピーする	133
プログラムを修正する	133
ドラゴンカーブの性質	135
こたえと説明	137

よく使う操作や困ったときのヒント 141

ブロックの窓にはめ込む	142
もとに戻す	142
コピーと公開	143
スプライトからスプライトへ	144
プロジェクトのコピー	144
パソコンに保存する	145
パソコンから読み込む	146
バックパックを使う	147
プロジェクトを共有する	149
動かないとき	151
よくあるトラブルの原因	152
●半角文字と全角文字の間違い	152
●ブロックが隠れている	152
●ステージからはみ出して動いた	153
●ブロックが壊れた	153
●スプライトに問題がある	153
●Scratchが不調になっている	153
ローマ字/かな対応表	154

第 1 章

Scratchに参加しよう

ここで学ぶこと

マウスの使い方。ブラウザ。アカウント。

ゴールと道すじ

ゴール

自分がScratchで使う名前を登録して、プログラミングの仕事場を作ること

道すじ

(1) おさらいと準備をする
(2) Scratchサイトで自分が使うユーザー名とパスワードを決める
(3) 生まれた年と月、メールアドレスを指定する
(4) 届いたメールで自分のメールアドレスを確認する

Scratchとは

　Scratchはプログラミングのための仕組みで、スクラッチと読みます。アメリカのマサチューセッツ工科大学のメディアラボというグループが提供しています。インターネットにつながるパソコンがあれば、誰でも無料でScratchを使えます。

　プログラムはプログラム用の言語で書くことが多いのですが、Scratchでは**ブロック**という**命令の部品**を並べてプログラムを作ります。そのため、文法を覚えずにプログラムを作ることができ、プログラム作りに集中できるのです。

　さらにScratchは、**オブジェクト**、**イベントドリブン**、**メッセージ**といった比較的新しいプログラミングの考え方が取り入れられた学習環境です。

マウスの使い方

　Scratchではキーボードよりもマウスをよく使います。主なマウスの操作には次の3つがありますが、クリックとドラッグでほとんどの操作を行えます。

● **クリック**
画面に表示されたボタンをマウスでカチッと**押す**ことです。
マウスの**左ボタン**を押してすぐに離します。
[🏁が押されたとき]の「押されたとき」は、クリックのことです。

● **ドラッグ**
画面に表示されているモノを**移動する**使い方です。
移動するものの上で**左ボタン**を押し、ボタンを離さずに移動先まで動かしてからボタンを離します。

● **右クリック**
マウスの**右ボタン**は機能を選ぶときに使いますが、それぞれの場面で説明します。なお、Macの場合はcontrolキーを押しながらクリックします。

ブラウザを起動する

Scratchに参加するために、ブラウザを起動します。
「Scratchに参加する」というのは、Scratchを使うときの名前を登録することです。この名前を**ユーザー名**とか**アカウント**と呼びます。名前を登録しなくてもプログラムを作ることはできますが、自分のアカウントで**サインイン**して使うと、作ったプログラムを保存したり、他のメンバーとのやり取りができるようになります。

これから登録の仕方を説明しますが、登録の確認メールを受信できる電子メールアドレスを用意してから始めましょう。メールアドレスを使うのは、最初に登録するときだけです。

インターネット閲覧ソフト（**ブラウザ**）を起動します。
ブラウザには、使えるもの（クローム 、エッジ 、ファイアフォックス 、サファリ ）と使えないもの（インターネットエクスプローラー など）があります。本書ではクローム を使った表示例を示していますが、他のブラウザなどでは表示が異なるところがあります。

Scratchのサイト（https://scratch.mit.edu/）を表示します。ブラウザの一番上にあるアドレス窓に、scratch.mit.eduまたはSCRATCH.MIT.EDUと指定してからEnterキーを押します。

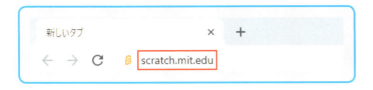

もし、図1の表示が出たら、使っているブラウザを確認してください。

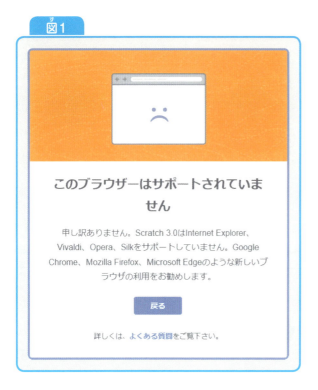

図2の画面が表示されたら、「Scratchに参加しよう」をクリックします。

すると図3の画面が表示されます。

図3

　ここで自分が使う**ユーザー名**と**パスワード**を指定します。ユーザー名は自分で決めるのですが、誰かが先に使っている名前は受け付けられません。
　ユーザー名は3文字から20文字の**半角**の英字（アルファベット）と数字で指定します。下線'_'やハイフン'-'も使えます。下線はShiftキーを押したままで「ろ」を押します。半角文字については、巻末の「よくあるトラブルの原因」にも説明があります。

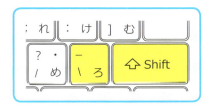

　パスワードは6文字以上の半角の文字ですが、画面には表示されません。打ち間違いを防ぐために同じものを「パスワードの確認」のところにも指定します。パスワードに使えるのは英字、数字、カッコやピリオドのような記号と空白です。他の人に見られない場所にパスワードをメモしてから、 次へ を押して進みましょう。パスワードがわからなくなると自分のプログラムを使えなくなります。

図4の画面では、生まれた年と月、性別、国を指定します。

図4

月、年、国は入力域をクリックして選択します。日本はJapanです。リストの真ん中あたりにあります。指定したら 次へ を押して進みましょう。

図5の画面で、確認用のメールを受け取る電子メールアドレスを指定します。パスワードのときと同じように、間違いを避けるために2度指定します。

図5

指定したら [次へ] を押して進みましょう。

画面には図6の「ようこそ！」メッセージが表示され、指定したアドレスにはメールが届きます。

図6

この画面の [さあ、はじめよう！] をクリックしてもよいのですが、図7のメールが届きますから、できればメールの中の「電子メールアドレスの認証」をクリックし、メールアドレスが正しいことをScratchに伝えておきましょう。

図7

ブラウザは図8の画面になり、新しく「ようこそ！」メール（図9）も届きます（図8の画面は、登録した時期によって変更になっている可能性があります）。

図8

図9

これで登録が完了です。

第2章 Scratchを使ってみよう

ここで学ぶこと

Scratchのことば。始め方。使い方。座標。終わり方。

ゴールと道すじ

ゴール

Scratchで使うことば、画面、おもな命令の働き、座標を学ぶこと

道すじ

(1) Scratchで使うことばと画面を覚える
(2) プログラムを作る準備をする
(3) 主な命令ブロックを使ってみる
(4) 座標のことを理解する

サインインのしかた

　ブラウザを起動してアドレス窓にscratch.mit.eduまたはSCRATCH.MIT.EDUと指定し、Enterキーを押してScratchのサイトに進みます。

　画面の右上にある「**サインイン**」をクリックすると、入力パネルが表示されます。第1章の「Scratchに参加しよう」で決めたユーザー名とパスワードを指定し、その下にある「サインイン」をクリックしましょう。サインインしてから使うと、学校と自宅など場所が変わっても作業の続きができます。

プロジェクトの作りかた

　画面上部の右端に自分のユーザー名が表示されていますか？ 表示されていなかったら、サインインをやり直しましょう。

　画面の左上にある「**作る**」をクリックすると、新しいプロジェクトができます。

漢字とひらがなの選び方

プロジェクトの画面に進むと、画面の左上に「地球」のボタン 🌐 が表示されます。これをクリックすると、Scratchの画面表示に使う言語を選ぶことができます。

「日本語」または「にほんご」を選びましょう。「日本語」は漢字を使いますが、「にほんご」を選ぶと全部ひらがなになります。

名前のつけかた

プロジェクトを作ったら、すぐに名前をつけるようにしましょう。プロジェクトの数がどんどんと増えるので、名前がないとあとで探すのが大変です。

プロジェクトの名前を指定する場所は、次の図を見てください。名前を指定しないと、Untitled-2（無題-2）のような名前がつきます。

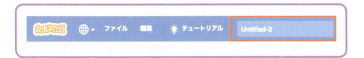

日本語の入力やローマ字が苦手なら、日付の数字や本のページ番号など手掛かりになるものを名前にしておくといいでしょう。

巻末にローマ字の対応表がついていますから参考にしてください。

プロジェクトの他にも変数やブロック、メッセージなど、名前をつけるものが多くあります。日本語入力のむずかしさもあって、よい名前をつけられないかもしれませんが、「プログラムをわかりやすくするには、わかりやすい名前をつけることがとても大切だ」ということは覚えておきましょう。

Scratchで使うことば

Scratchではプログラムに登場する人やモノを**スプライト**と呼びます。たとえば、右のネコはScratchキャットというスプライトです。Scratchには、たくさんのスプライトが用意されています。

スプライトはプログラムを持つことができます。それが集まって全体で1つの仕事をするプログラムになります。これを**プロジェクト**と呼びます。

プログラム（コンピュータプログラム）は、コンピュータで実行する命令の集まりを指すことばです。Scratchではスプライトが持つプログラムを**コード**と呼びます。

たとえばピンポンゲームには、ボールとラケットの2つのスプライトが登場します。ボールのコードはボールを動かすプログラムで、ラケットのコードはラケットを動かすプログラムです。そして全体でピンポンゲームというプロジェクトになります。

コードは、 `10 歩動かす` のような命令の**ブロック**を並べて作ります。

スプライトの見た目を**コスチューム**といいます。右はScratchキャットのもう1つのコスチュームです。

Scratchの画面

次の図に、説明のときに使う画面各部の名前を示します。

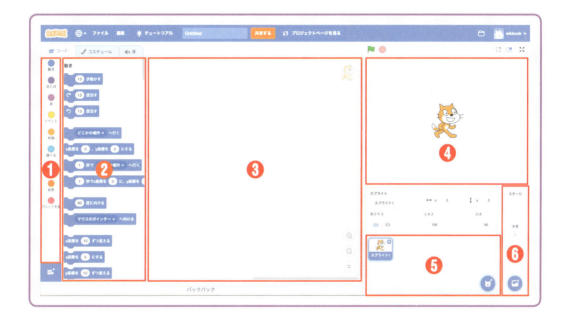

❶ ブロックカテゴリ

ブロックの種類が並んでいます。たとえば「動き」を選ぶと、❷にはスプライトを動かすブロックが表示されます。

❷ ブロックパレット

命令のブロックが並んでいる場所です。必要なブロックをここからドラッグして❸のコードエリアに並べ、プログラムを作ります。

❸ コードエリア

ブロックを並べてプログラムを組み立てる場所です。

❹ ステージ

プログラムを実行すると、その様子がここに表示されます。

❺ スプライトリスト

プログラムに登場するスプライトが並びます。スプライトをクリックすると、そのスプライトのコードが❸に表示されます。

❻ ステージと背景

ここをクリックすると背景を操作できます。背景もスプライトと同じようにコードを持つことができます。

ブロックカテゴリ

命令のブロックは全部で100個くらいあるので、種類別に分かれています。画面の左端のブロックカテゴリを見ると、どんな種類があるかがわかります。

ブロックの色は、**カテゴリ（種類）**ごとに決まっていて、カテゴリの名前の上に表示されています。だから、ブロックの**色**でカテゴリがわかります。

カテゴリをクリックして、その中に含まれるブロックがカテゴリの色になっていることを確かめておきましょう。

カテゴリには次の表のようなものがあります。

カテゴリ（種類）

動き	スプライトを動かす
見た目	セリフ、大きさ、色などの見た目を変える
音	音を出す
イベント	「できごと」や「合図」を取り扱う
制御	繰り返したり、判断したりする
調べる	ステージ内の位置や状態を調べる
演算	計算したり、大きさを比べたりする
変数	値や文字を覚えておく
ブロック定義	新しく命令ブロックを作る

ブロックを使ってみる

ネコのコード

　ネコのコードは、スプライトのネコが実行するプログラムのことです。ネコのコードを作るときは、ステージのネコまたはスプライトリストの〔スプライト1〕と「コード」〔コード〕〔コスチューム〕〔音〕を選択した状態で作業をします。

　それぞれのブロックが、どんな働きをするのか調べましょう。ブロックパレットに並んでいるブロックを **その場で** クリックするだけで実行されます。何が起こるかいろいろと試してみましょう。

　パソコンが壊れてしまうことはまず考えられませんが、ブロックの白い窓に極端に大きな数を指定するなど乱暴なことを繰り返すと、Scratchの動作が不安定になることがあります。

　中にはクリックしても何も起こらないブロックがあります。その理由は、実行しても何も変化しなかったからです。たとえば90度（右方向）を向いているときに〔90度に向ける〕を実行しても何も変化しません。ブロックをクリックしても何も起きないときは、その理由を考えると理解に役立ちます。

　次に2つ以上のブロックを連続して実行してみましょう。

　ブロックパレットに置いたままでは1つずつしか実行できませんでしたが、右側のコードエリアにブロックを並べるとブロックの並びを実行できます。図1は〔10 歩動かす〕をコードエリアにドラッグしているところです。

　いらないブロックは、ブロックパレットにドラッグすると消えます。

図1

図2のブロックの並びを実行するとどうなるか考えましょう。
次に、実際にブロックを並べクリックして動かしましょう。
思った通りに動きましたか？

図2

□ **01.** 図2のブロックに続けて「ニャー」と鳴いてから次のコスチュームに変えるようにできますか？
　　　　 `終わるまで ニャー▼ の音を鳴らす` と `次のコスチュームにする` を使います。

□ **02.** 上の命令を4回繰り返すようにできますか？
　　　　 `◯ 回繰り返す` を使います。

□ **03.** `終わるまで ニャー▼ の音を鳴らす` のあとに `ピッチ▼ の効果を 10 ずつ変える` を入れてみましょう。ピッチというのは「音の高さ」のことです。
実行する前に、どんなことが起こるかを考えましょう。

全角文字と半角文字に注意

　ブロックの白い窓をクリックして数字を打ち込むことができますが、角度や歩数などの数字は<mark>半角文字でなければ正しく動きません</mark>。
　半角/全角キーを押したとき、画面の中央に「A」と表示されたら半角文字、「あ」と表示されたら全角文字の入力がはじまります。

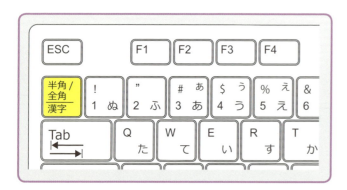

たとえば、 ２ 歩動かす は半角、 ２ 歩動かす は全角で数字が入力されています。同じに見えますが、全角数字の入ったブロックは正しく動作しません。この間違いがとても多いので、よく注意してください。

座標

座標はステージの上での位置を示すのに使います。

どこかの場所を教えるとき、「１つ目の角を左に曲がって２つ目の角」のような言い方をしますが、その刻み幅を細かくしたものが座標だと考えるとわかりやすいでしょう。

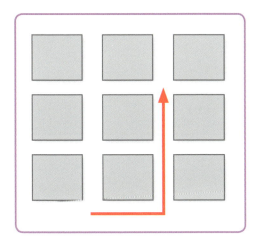

 １０ 歩動かす の「歩数」は座標の目盛りのことなのです。

スプライトのステージの座標は、次の図３のようになっています。中央が基準になる点で、**原点**と言います。原点では、x座標もy座標も０です。

x座標の値は原点から右方向への距離にあたります。**y座標**は原点から上方向への距離です。左方向と下方向では、マイナス（−）をつけます。

図３でネコのいる位置（赤丸の場所です）は、原点から右に１００、上に１００の場所なのでx座標もy座標も１００です。座標を使ってこの位置を表すと（１００, １００）になります。

図3

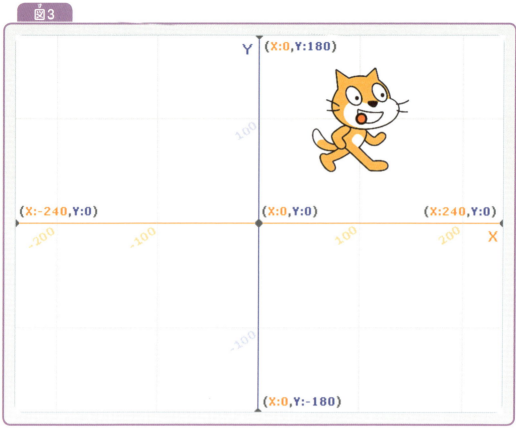

　図3で使っているXy-gridという背景を使って座標の練習をしましょう。
　右の図に示すように、画面の右下にある「ステージ背景」の青い「背景を選ぶ」ボタンをクリックして、Xy-gridを選びます。Xy-gridは最後の方にあります。

ステージのすぐ下にスプライトの座標が示されています（図4）。これを使って座標の変化を見ておきましょう。スプライトリストのネコをクリックしてから始めましょう。

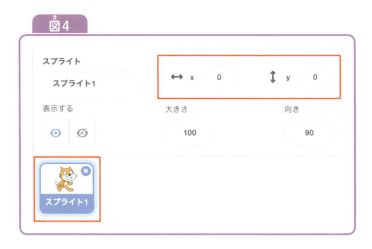

赤で囲んだxとyの横の数字がそれぞれネコの位置を表すx座標とy座標です。ステージのネコをマウスでドラッグするとxとyが変わります。マウスを使ってネコを動かし、その様子を観察しましょう。なお、x座標とy座標で示されるのは、図3の赤い点で示したようにネコの口の近くの位置です。

□ 04. 図4のxとyに値を指定すると、ネコがその位置に移動します。
ステージの右、左、上、下の端にネコが来るようにするには、座標をいくつにすればよいか調べましょう。

「動き」カテゴリには、次のような座標を使うブロックがあります。それぞれのブロックの働きを調べましょう。

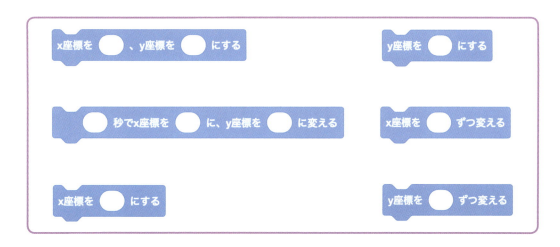

Scratchの終わり方

　サインインして使っていると、自動的にScratchがプロジェクトを保存してくれます。でも保存するのは「ときどき」なので、いきなりブラウザの「閉じる」ボタン（Windowsなら　　　　　、Macなら　　　　　　　）でブラウザを閉じると、自分の作ったプログラムが消えてしまうかもしれません。

　Scratchのユーザー名の横に「直ちに保存」が表示されていたら、最新の状態は保存されていないので、終わる前に　　　　　　　　　　　　　　をクリックしてから終わりましょう。これは終わるときだけでなく、別のページに移動するときも**必要**な操作です。
　ページを移動するときや、Scratchを終わるときは「直ちに保存」を確認しましょう。

　保存されていないときは、次のようなパネルが表示されます。ここで、「このページを離れる」（Windowsの場合）あるいは「ページから移動」（Macの場合）をクリックすると、最新の内容が失われます。「キャンセル」してページに戻り「直ちに保存」しましょう。

● Windowsの場合　　　　　　　　　● Macの場合

　「直ちに保存」は、Scratchのファイルの下にもあるので、いつでも実行できます。

こたえと説明

01.
- 100 歩動かす
- 90 度回す
- 終わるまで ニャー の音を鳴らす
- 次のコスチュームにする

02.
- 4 回繰り返す
  - 100 歩動かす
  - 90 度回す
  - 終わるまで ニャー の音を鳴らす
  - 次のコスチュームにする

03.
- 4 回繰り返す
  - 100 歩動かす
  - 90 度回す
  - 終わるまで ニャー の音を鳴らす
  - ピッチ の効果を 10 ずつ変える
  - 次のコスチュームにする

ピッチ の効果を 10 ずつ変える

を1回実行するたびに「音の高さ」が変わりますね。

04.
Scratchのステージでは、次のようになっています。
- 右の端は x座標が 240
- 左の端は x座標が -240
- 上の端は y座標が 180
- 下の端は y座標が -180

座標を使うブロックを使って確かめておきましょう。
背景Xy-gridの目盛りでも確認できます。

第3章

ここで学ぶこと

ペンの使い方。図を描く前の準備。正多角形。

ゴールと道すじ

ゴール

プログラムで図形を描く方法を理解し、正多角形を描くこと

道すじ

(1) 図を描く前の準備を理解する
(2) 正方形、正三角形、正五角形、正六角形を描く
(3) 自分のアイデアで図形を描く

プロジェクトを開く

　Scratchを起動してサインインし、新しいプロジェクトを作りましょう。その方法は、第2章に説明があります。

　以前に作ったプロジェクトで**ワーク**の続きをするときは、画面右端のユーザ名の左隣にあるフォルダの絵をクリックして「私の作品」を表示しましょう。

　自分の作ったプロジェクトが表示されるので、その中から**ワーク**の続きをするプロジェクトの「中を見る」ボタンをクリックしましょう。これで**ワーク**の続きができるようになります。

線を描く

ネコのコード

「ネコのコード」はネコが実行するプログラムです。スプライトリストでネコを選んでコードエリアに入力します。

線を描く命令は「拡張機能」の中に含まれています。拡張機能というのは、あとから追加できる機能のことです。拡張機能を使えるようにするには、画面の左下にある「拡張機能を追加」ボタンをクリックします（図1）。すると、いろいろな拡張機能が表示されますから、その中の「ペン」（図2）をクリックしましょう。これでブロックカテゴリにペンが追加されます（図3）。

「ペン」カテゴリの中に というブロックがあります。この命令を実行してからスプライトを動かすと、動いたあとが線になって残り、線が描けるのです。

図1　　　　　　図2　　　　　　図3

☐ **01.** 歩動かす を使って長さ100歩の線を描きましょう。

線を描くまえの準備

ワーク1で見たように、ペンを下ろしてからスプライトを動かすだけで線を引くことができます。しかし、いつでも同じ絵が描けるようにするには、次のような準備が必要です。

- スプライトの準備
  描き始めの位置と向きを決めます

- ペンの準備
  どんな色、どんな太さの線を描くかを決めます

- ステージの準備
  ステージをきれいにします

スプライトの準備

- スプライトを表示しないようにします
  ワーク1ではネコが描いた線の一部を隠していました。
  「見た目」カテゴリの 隠す を使ってスプライトが見えないようにします。

- スプライトを描き始めの位置に移動します
  「動き」カテゴリの x座標を ◯ 、y座標を ◯ にする のようなブロックを使います。

- スプライトの向きを指定します
  ◯ 度に向ける などのブロックを使います。

ペンの準備

これから描く線の色や太さは、ペンの色や太さとして指定します。

● ペンの色を決めます

ペンの色を ● にする を使います。色の部分をクリックすると、図4のパネルが表示されます。

図4の丸いボタンをドラッグして色を選ぶか、一番下のボタンをクリックしてステージから色を拾います。

図5は、ステージに表示されているネコの足から色を拾っているところです。色を拾う部分が虫メガネのように拡大されます。なお、ステージの外の色は拾うことができません。

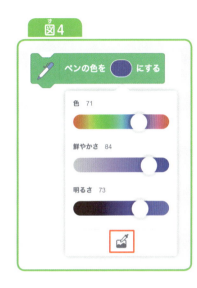

図4

● ペンの太さを決めます

ペンの太さを ○ にする を使います。
太さは座標の目盛り（歩数）で指定します。1歩分の太さが1です。

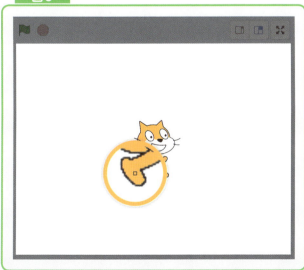

図5

ステージの準備

● ステージをきれいにします
それまでに描いた図が残っていると、きれいに描けません。
[全部消す] を使ってステージをきれいにしておきましょう。

● ペンを下ろします
[ペンを下ろす] を実行します。
[ペンを上げる] を実行するまでは動いたあとが全部線になって残ります。

以上のスプライト、ペン、ステージの準備は「**基本**」となるものです。プログラムによって違う部分も出てきますから、目的に合わせて調整しましょう。

「線を描くまえの準備」に注意して次の ワーク に取り組みましょう。

☐ **02.** 最初と最後の座標を指定して線を描くことができます。
(0 , 0) から (100 , 0) まで線を引けますか？
[x座標を 0 、y座標を 0 にする] と [x座標を 100 、y座標を 0 にする] を使います。

☐ **03.** 線の色や太さを変えて、いくつか線を描いてみましょう。
太さも長さも10の線は長すぎるように見えませんか？

正方形を描く

1辺の長さが100歩の正方形を描きましょう。
ネコは左下の ● にいるとします。ペンを下ろしてから次のように移動すれば、正方形が描けますね。

図形を描こう

028

①100歩動かす
②直角に曲がる
③100歩動かす
④直角に曲がる
⑤100歩動かす
⑥直角に曲がる
⑦100歩動かす
⑧直角に曲がる

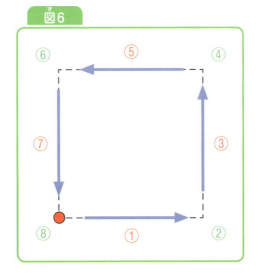

図6

繰り返しを使ってうまく描けそうです。

☐ **04.** 繰り返しを使って、正方形を描くプログラムを作れますか？
 を使います。

イベント

ブロックの並びをクリックするとその命令を実行できますが、「**イベント**」カテゴリのブロックを使うと別の方法でプログラムを実行できます。

イベントは、マウスやキーボードの操作などの「できごと」のことです。

たとえば、🏁が押されたとき は、ステージの上にある🏁がクリックされたという「できごと」があったときにする仕事の入り口になります。このブロックはプログラムの始まりを示すために使います。その他のイベントの説明は、第4章にあります。

☐ **05.** 🏁をクリックしたら、**ワーク**4のプログラムが動くようにしましょう。
🏁をクリックしてネコが正方形を描くことを確かめましょう。
繰り返しの中に 1 秒待つ を入れておくと動きがよくわかります。

☐ **06.** 🏁が押されたとき を使うと、どんなところが便利になりますか？
ブロックを並べたかたまりがたくさんあるときを考えましょう。

☐ **07.** イベントカテゴリのブロックは、たいてい上が丸くなっています。
その理由がわかりますか？

正多角形を描く

正方形を描くプログラムをもとにして、いろんな正多角形が描けます。

☐ **08.** 正方形を描くプログラムを書き換えて正三角形を描きましょう。
正三角形が正方形と違うのは、辺の数と頂点で回す角度です。正三角形を描くときは、頂点で「120度」回ります。

☐ **09.** 正五角形を描きましょう。
これも辺の数と頂点で回る角度を変えるだけで描けます。5つの辺を描いて、ひと回りすると考えると、頂点で回る角度が計算できますよ。

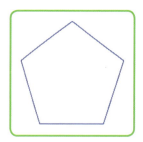

☐ **10.** 正六角形を描きましょう。

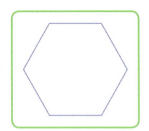

発展学習

☐ **11.** 円を描きましょう。
円を描く命令ブロックはありません。その代わりに正360角形を描きます。
辺の数が360です。動かすのは1歩で試してみましょう。

☐ **12.** 星形を描いてみましょう。

☐ **13.** こんな図形が描けますか？

こたえと説明

01. そのときにスプライトがいる場所から、そのときのスプライトの向きに100歩動いたところまでまっすぐな線が描けます。

02.

スプライト、ペン、ステージの準備をしてから線を描いています。

座標を指定して線を描くときは、スプライトの向きは図に影響しないので  を使っていません。

03. 自分で線の色や太さを変えて線を描いてみると、使い方がよくわかります。

太さも長さも10の線は長すぎるように見えるのは、太さ10のペン先の直径が10あって、動いた距離の外側にはみ出しているからです。

04. 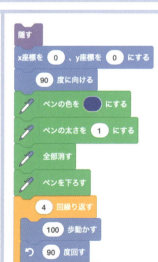 と を並べて4回繰り返すと正方形が描けます。

図を描くまえの準備を忘れないようにしましょう。

図形を描こう

05.

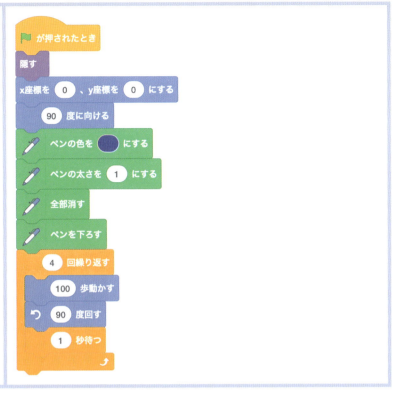

06.

　ブロックの並びをクリックする方法では1つずつしかスタートできませんが、🏁が押されたとき を使うといくつものプログラムを同時にスタートできます。だから、2つ以上の図形を同時に描くこともできるようになります。

07.

　イベントのブロックはマウスをクリックしたり、キーを押したりしたときなどにする仕事の入り口です。イベントがあったときにプログラムが動き出すのです。

　イベントが起こる前は何もできませんね。だから、上にブロックがつながらないように丸くなっているのです。このような形のブロックは**帽子型**ブロックと呼ばれます。

08.

```
▶ が押されたとき
隠す
x座標を 0 、y座標を 0 にする
90 度に向ける
ペンの色を ■ にする
ペンの太さを 1 にする
全部消す
ペンを下ろす
(3) 回繰り返す
    100 歩動かす
    (120) 度回す
    1 秒待つ
```

正方形を描くプログラムと違うところを◯で示しました。
120度は360度を3で割った値です。

09.

```
▶ が押されたとき
隠す
x座標を 0 、y座標を 0 にする
90 度に向ける
ペンの色を ■ にする
ペンの太さを 1 にする
全部消す
ペンを下ろす
(5) 回繰り返す
    100 歩動かす
    (72) 度回す
    1 秒待つ
```

5回で360度回すから、360÷5＝72で、毎回「72度」回すといいですね。

図形を描こう

10.

11.

正360角形だから辺の数は360、頂点で回るのは360÷360で1度です。

1秒待つを取って速く円が描けるようにしました。もっと速く描きたいときは辺の数を減らします。円の大きさにもよりますが、実際には正20角形くらいから円のように見えます。

新しいブロックを作って速く描く方法は「複雑な図形」の章に説明があります。

12.

この星形は2回り（720度）して5つの辺を描いています。だから720度÷5＝144度ずつ回ると描けます。

13.

星形の辺の数と頂点で回る角度をいろいろと変えてみるときれいな図形が描けます。

自分で工夫して、いろんな図形を描きましょう。

第4章

音楽のプログラムを作ろう

ここで学ぶこと

イベント。楽器のスプライト。音楽の機能。

ゴールと道すじ

ゴール

キーボードの操作で音を出すなど、音楽のプログラムを理解すること

道すじ

(1) イベントを理解する
(2) 楽器のように演奏できるプログラムを作る
(3) 自動演奏のプログラムを作る

イベントを理解する

これから「**イベント**」カテゴリの命令ブロックの使い方を練習します。
新しいプロジェクトを作って名前をつけましょう。

イベントというのは、キーボードのキーを押したり、マウスでスプライトをクリックするなどの「できごと」のことです。「イベント」カテゴリには、イベントが起きたときにする仕事の入り口になるブロックがあります。

ネコのコード

`が押されたとき` は第3章でも使いましたが、ステージの上にある ▶ が押されたときにする仕事の始まりを示します。また、`スペース ▼ キーが押されたとき` はキーボードのスペース（空白）キーが押されたときの仕事の始まりです。

☐ **01.** `スペース ▼ キーが押されたとき` と `ニャー ▼ の音を鳴らす` を使ってスペースキーを押すと、ネコが鳴くようにできますか？

`スペース ▼ キーが押されたとき` の窓をクリックして、メニューの中からどのキーにするかを選べます（図1）。

図1

表示されるメニューの英字は小文字ですが、キーボードには大文字が書いてあるので、わかりにくいかもしれません。念のため、アルファベットの大文字と小文字の一覧を示します。上の段が大文字、下の段が小文字です。

A B C D E F G H I J K L M N O P Q R S T U V W X Y Z
a b c d e f g h i j k l m n o p q r s t u v w x y z

☐ **02.** 「上向き矢印」を押したときは ニャー▼ の音を鳴らす 、「下向き矢印」を押したときは 終わるまで ニャー▼ の音を鳴らす を実行するようにできますか？動作の違いがよくわかるように、それぞれの最後に 次のコスチュームにする をつけておきましょう。

ドラムを作る

キーを押したときに音が出るようにしたら、プログラムで楽器が作れます。**打楽器**から始めましょう。
ネコは使わないので右上の ✕ をクリックして消しましょう。代わりにドラムのスプライトを追加します。画面右下にある「スプライトを選ぶ」 ボタンを押してスプライトの追加画面を表示し、Drum Kitを選びましょう。見つけにくかったら、画面の上の方にある 音楽 を押すと音楽に関係するスプライトだけが表示されるようになります。

039

ドラムのコード

ドラムの音を鳴らすには、「音」カテゴリのブロックを使います。

ネコには ニャーの音を鳴らす がありましたが、ドラムでは Drum Bass1 の音を鳴らす です。ドラムにはいくつかの音が用意されているので、窓をクリックして鳴らす音を選べます（図2）。

図2

□ **03.** 次の表に、キーボードのどのキーを押したらどの音を出すかを示しました。たとえば「Z」のキーを押したら「Drum Bass1」が鳴るようにします。同じようにして他のキーでもそれぞれの音が出るようにしましょう。

キー	Z	X	C	V	B
音	Drum Bass1	Drum Bass2	Drum Bass3	High Tom	Low Tom

右のように、ブロックをマウスの「右ボタン」でクリックして「複製」を選ぶと **コピー** が使えます。

音楽のプログラムを作ろう

040

音階が出せる楽器を作る

ドレミの音階が出せる楽器を作りましょう。音階が出せる楽器のスプライトとしてサックスを選びます。ギター、キーボード、トランペットでも構いません。

サックスのコード

サックスの音はCからC2まで選べます。「C Sax」はサックスの「C」の音という意味で、音の名前はC、D、E、F、G、A、Bです。日本ではハ、ニ、ホ、ヘ、ト、イ、ロも使われます。これらの音はハ長調（Cメジャー）の音階名ドレミファソラシに対応しています（図3）。なお、「C2 Sax」は上の「C」です。

図3

たとえば左のようにすると、キーボードの「A」を押したときにサックスの「ド」の音が出ます。

□ **04.** 図4のように、AからKのキーを押すと順にドから上のドまでの音が出るようにしましょう。

図4

自動演奏

ここまでは楽器のスプライトに用意されている音源を使いましたが、音楽を演奏する機能も用意されています。「ファイル ⇒ 新規」をクリックして新しいプロジェクトを作り、名前を指定して始めましょう。

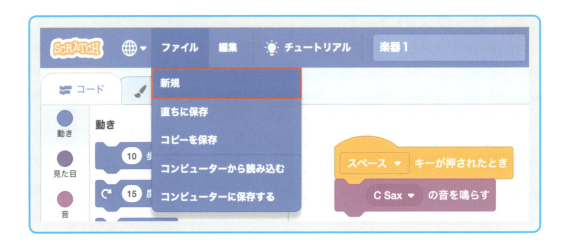

ネコのコード

画面の左下にある拡張機能のボタンをクリックして、「音楽」を選びましょう。すると、ブロックカテゴリに「音楽」が追加され、音楽のための命令ブロックが使えるようになります。

楽器を選ぶブロックが2つあります。ドレミが出る楽器用（図5）と、打楽器用（図6）です。

窓の部分をクリックして楽器を選びます。

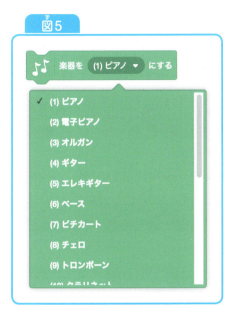

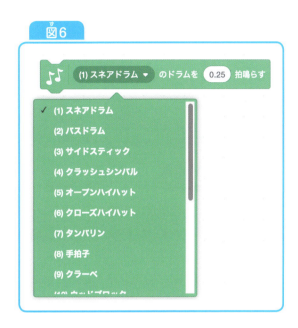

打楽器の音を鳴らすブロック（図6）の「0.25拍鳴らす」は、**音の長さ**の指定です。

図5の楽器では、別なブロックを使って**音の高さ**と長さの両方を指定します。このブロックでは、音の高さが音名ではなく数字で表されています。でも、窓の数字をクリックすると鍵盤が表示されるので簡単に音を選べます。

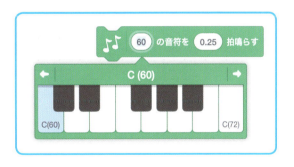

数字は低い音から順に白鍵と黒鍵に割り当てられています。

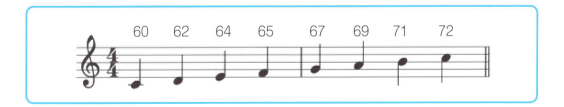

うしろの窓は、音の長さを指定します。

043

指定の仕方を次の表に示しました。たとえば4分音符なら音の長さは0.25拍です。

1.0拍	全音符	𝅝			
0.5拍	2分音符	𝅗𝅥	𝅗𝅥		
0.25拍	4分音符	♩	♩	♩	♩
0.125拍	8分音符	♫	♫	♫	♫

♪テンポを 60 にする を使って演奏の速さを指定できます。窓の中には1分間に「全音符で何拍の速さか」を指定します。60なら1分間に60拍だから、1秒に全音符で1拍、4分音符で4拍の速さです。ふつうの楽譜に多い4分音符での拍数と違うので注意しましょう。

音楽を自動演奏するプログラムを作りましょう。音楽には繰り返しが多く含まれているので、ブロックの「複写」（コピー）を使ったり、あとの章で説明する「ブロックを作る」を使うと、入力の手間を少し省くことができます。

音楽のプログラムを作ろう

☐ **05.** メロディーを入力します。
音楽の教科書などで好きな曲を選び、楽譜を見て音を1つずつ拾ってブロックを並べましょう。知っている曲をワーク4で作った楽器で演奏し、音を拾っても楽しいですね。スペースキーを押すと演奏が始まるようにしておきましょう。

☐ **06.** テンポ、楽器の種類、音量をリセットする命令を用意しておきましょう。たとえばキーボードの「R」を押すと、テンポが30、楽器は木管フルート、音量は最大（100）になるようにできますか？

☐ **07.** 上向き矢印を押すとテンポが5ずつ速くなり、下向き矢印を押すとテンポが5ずつ遅くなるようにしましょう。

☐ **08.** 数字の1を押すと楽器がピアノ、2なら電子ピアノ、3ならオルガン、というふうに楽器を変更できるようにしましょう。

数字キーや矢印キーで演奏内容が変わるのを確認できましたか？キーを押すというできごと（イベント）でプログラムの動作を変えることができましたね。

こたえと説明

01.
スペース キーが押されたとき
ニャー の音を鳴らす

02.
上向き矢印 キーが押されたとき
ニャー の音を鳴らす
次のコスチュームにする

上向き矢印を押したときはすぐにネコの絵が変わりますが、下向き矢印を押したときは鳴き終わってから変わります。

下向き矢印 キーが押されたとき
終わるまで ニャー の音を鳴らす
次のコスチュームにする

そうなるのは、「ニャー の音を鳴らす」では、すぐに次のブロックが実行されますが、「終わるまで ニャー の音を鳴らす」では、鳴き声が終ってから次のブロックが実行されるからです。

03.
z キーが押されたとき
Drum Bass1 の音を鳴らす

x キーが押されたとき
Drum Bass2 の音を鳴らす

c キーが押されたとき
Drum Bass3 の音を鳴らす

y キーが押されたとき
High Tom の音を鳴らす

u キーが押されたとき
Low Tom の音を鳴らす

04.

a キーが押されたとき
C Sax の音を鳴らす

s キーが押されたとき
D Sax の音を鳴らす

d キーが押されたとき
E Sax の音を鳴らす

f キーが押されたとき
F Sax の音を鳴らす

g キーが押されたとき
G Sax の音を鳴らす

h キーが押されたとき
A Sax の音を鳴らす

j キーが押されたとき
B Sax の音を鳴らす

k キーが押されたとき
C2 Sax の音を鳴らす

05.

それぞれの音の高さと長さをブロックに指定したものを並べて、曲にします。休符は ♪♪ 0.25 拍休む を使います。

次の例は2つに分けて示しましたが、実行するときは1つにつないでください。

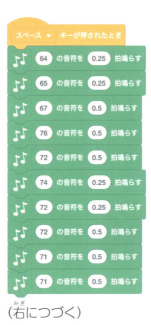

(右につづく)

(左からのつづき)

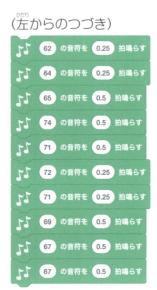

06.

r ▼ キーが押されたとき
♪♪ テンポを 30 にする
♪♪ 楽器を (13) 木管フルート ▼ にする
音量を 100 %にする

07.

上向き矢印 ▼ キーが押されたとき
♪♪ テンポを 5 ずつ変える

下向き矢印 ▼ キーが押されたとき
♪♪ テンポを -5 ずつ変える

08.

1 ▼ キーが押されたとき
♪♪ 楽器を (1) ピアノ ▼ にする

2 ▼ キーが押されたとき
♪♪ 楽器を (2) 電子ピアノ ▼ にする

3 ▼ キーが押されたとき
♪♪ 楽器を (3) オルガン ▼ にする

第5章

ピンポンゲームを作ろう

ここで学ぶこと

乱数。効果音。変数。背景。

ゴールと道すじ

ゴール

乱数、効果音、変数、背景の使い方を理解すること

道すじ

(1) ボールを弾ませる
(2) マウスを使ってパドルを動かせるようにする
(3) ボールがパドルで跳ね返るようにする
(4) 得点をカウントする
(5) 乱数や効果音などを使ってゲームをおもしろくする

ボールを弾ませる

Scratchにサインインし、新しいプロジェクトを開いて始めましょう。
まず、ステージでボールが跳ねて動き回るようにします。
ネコは使わないので削除します。ネコの右上の✖をクリックしましょう。
次に、ボールのスプライトを追加します。スプライトを追加するときは、スプライトを追加するボタン 🐻 を押して一覧を表示し、ボールを選びます。

🟡 ボールのコード

☐ **01.** ボールがステージの中で跳ね返って動き続けるようにできますか？
[10 歩動かす] と [もし端に着いたら、跳ね返る] を使います。
動き続けるためには、[ずっと] を使います。

☐ **02.** ボールの動きを速くしたり遅くしたりするには、どうしたらよいか考えなさい。
その考えが正しいかどうか、実際に自分のプログラムで確かめましょう。

☐ **03.** 最初はいつでも、ボールがステージ中央の少し上から、右下に向かって動くようにできますか？
[x座標を 0 、y座標を 150 にする] を使ってボールの位置を指定できます。
また [135 度に向ける] でボールの向きを指定できます。

いつも同じ動きではつまらないので、今度は毎回ボールの位置と向きが変わるようにしましょう。それには「乱数」を使います。乱数は「値が決まっていない数」のことです。「演算」カテゴリの中にあるブロック 1 から 10 までの乱数 を使うと、白い窓の中に指定した範囲の乱数が得られます。乱数を使ってボールが動き始めるときの位置や向きを決めると、ゲームに変化がつきます。

ブロックの窓に他のブロックをはめ込むときは、はめ込みたいブロックを窓に近づけて窓の周囲が白くなったところでマウスのボタンを離します。

□ 04. ボールが動き始めるときの位置と向きを乱数で決めるようにできますか？
y座標はいつも150、x座標は-200から200の範囲、向きは0度から360度の範囲の乱数にしましょう。

□ 05. ボールが動いた跡を線にすると、動きがよくわかります（図1）。
図形を描くときに使った 全部消す と ペンを下ろす を使います。これらのブロックをどこに入れるのがよいか考えましょう。

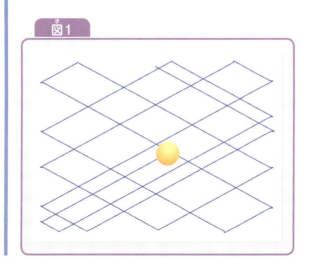

図1

049

マウスでラケットを動かす

ボールを跳ね返すラケット（パドル）を用意します。
ボールのスプライトを追加したときと同じやり方で、パドルを追加しましょう。

パドルのコード

次に、パドルがマウスに合わせて左右に動くようにします。
　パドルの動作をプログラムするので、パドルのコードとしてブロックを並べます。図2のようにコードエリアの右上に表示されているスプライトがコードの持ち主です。

図2

もしパドルでなかったら、スプライトリストの  をクリックして の状態

にしましょう。
　パドルが左右にだけ動くということは、上下の位置つまりy座標は変わらないということです。また、マウスに合わせて動くということは、パドルのx座標がマウスのx座標と同じになるように動くということです。

☐ **06.** いつでもパドルのy座標は-150で、x座標は マウスのx座標 と同じになるようにできますか？

ワーク6が終わったら、パドルが正しく動くことを確認しておきましょう。
　ボールとパドルを別々に動かしていますが、ゲームでは両方を同時に動かさなければ遊べません。ボールとパドルのコード（ブロックを並べたもの）の先頭に が押されたとき を加えて をクリックしたときに両方のプログラムが動くようにしておきましょう。

ボールがパドルで跳ね返るようにする

　ボールもパドルも動くようになりましたが、まだボールはパドルを通り抜けてしまいます。跳ね返るようにするには、ボールがパドルに触れたときに進む向きを変えるようにします。

ボールのコード

　パドルで跳ね返るのはボールの動きなので、ボールのコードとして作ります。スクリプトリストからもう一度ボールを選び、ボールのコードエリアを表示します。
　ボールのコードエリアには、すでにボールを動かし続けるプログラムがあります。パドルで跳ね返る動きをそこに追加することもできますが、ここでは別に作りましょう。
　ボールが跳ね返るとき、ボールは進む向きを変えます。ここで 180 度回す を使って進む方向を逆にすると、ボールはこれまで進んできた方向に戻って行きます。でも、これではボールが跳ね返る動きが不自然です。そこで、 180 - 向き 度に向ける として、より自然な動きになるようにします。

051

パドルに触れたことを見つけるには、を使います。この6角形の窓には「調べる」カテゴリや「演算」カテゴリに用意されている6角形のブロックが入ります。丸い窓には数や文字が入りますが、6角形の窓には「はい」か「いいえ」のどちらかの値をとる判定が入ります。

ここでは、パドルに触れたことを見つけたいので、 `Paddle▼ に触れた` を使います。「調べる」カテゴリにある `マウスのポインター▼ に触れた` の窓をクリックしてパドルを選びましょう。

☐ **07.** `🚩が押されたとき` で始め、ずっと「パドル（Paddle）に触れたら向きを変える」ようにできますか？
`Paddle▼ に触れた` と `180 - 向き 度に向ける` を使いましょう。

調整する

ピンポンゲームらしく動くようになりましたが、ボールがパドルから離れなくなることがあります（図3）。

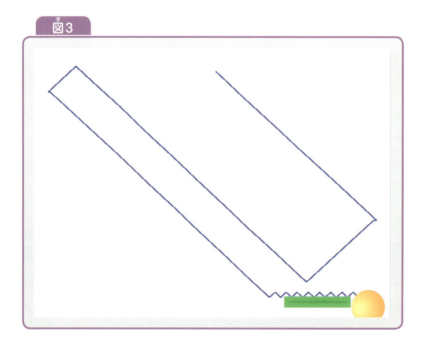

図3

これはパドルにもボールにも大きさがあるので、向きを変えた後にもう一度「触れた」と判定されることがあるからです。

プログラミングの世界には、このような問題を避けるためのちょっとした工夫が求められる場面がときどきあります。

☐ **08.** ボールがパドルに触れたと判定したとき、ボールが離れるまでの時間を見込んで、1秒間は次の判断をしないようにしましょう。プログラムはどうなりますか？

☐ **09.** ボールがパドルに触れたときに音が出るようにできますか？
`boing ▼ の音を鳴らす` を使います。
▼のある窓をクリックして好きな音を選びましょう。

ゲームオーバー

ボールを落としたらゲームが終了するようにしましょう。

☐ **10.** ボールを落としたことは、どうやったらわかるか考えましょう。

🐻 を押してLineのスプライトを追加しましょう。Lineは直線のことです。スマホのアプリとは関係ありません。

━ ラインのコード

このスプライトをステージの一番下に置きましょう。マウスで動かせますが、`x座標を 0 、y座標を -180 にする` を使って位置を指定する方が確かです。
ステージの一番下にあるラインに、ボールが触れてきたらゲームオーバーにします。

☐ **11.** ボールがラインに触れたらプログラムが止まるようにできますか？
🚩がクリックされたらずっとボールが触れていないか調べ続ける方法もありますが、ボールが触れたときはプログラムを止めるだけなので `まで待つ` を使う方が簡単です。
`マウスのポインター▼ に触れた` の▼をクリックしてBall（に触れた）を選びましょう。
プログラムを止めるときは `すべてを止める▼` を使います。

得点を数える

パドルでボールを跳ね返した回数を得点にします。ボールが跳ね返る処理は、ボールのコードに含まれています。スプライトリストからボールを選び、コードタブをクリックしてから作業を始めましょう。

ボールのコード

まず、得点を覚えておくための変数が必要です。変数は文字や数をしまっておく場所のことです。ブロックカテゴリの「**変数**」をクリックしましょう。
すでに「変数」という名前の変数が用意されています。この変数をそのまま使うこともできますが、変数には**わかりやすい名前**をつけることがとても大切です。

変数を削除して作り直しましょう。
`変数` を**右クリック**し、削除を選ぶと削除できます（図4）。

図4

　次に、ブロックパレットにある「変数を作る」ボタンをクリックします。すると「新しい変数」パネルが表示されます。新しい変数名を「tokuten」としましょう（図5）。日本語入力ができるなら、「得点」としたほうがわかりやすいでしょう。

図5

　このパネルの中には、「すべてのスプライト用」と「このスプライトのみ」という選択肢がありますが、「このスプライトのみ」を選ぶと、選択しているスプライト（ここではボールです）だけが使える変数になります。変数「tokuten」は、他のスプライトが使うかもしれないので、「すべてのスプライト用」にしておきましょう。

　「OK」をクリックすると変数「tokuten」が使えるようになります。また、ブロックパレットで変数名の前にチェックが入って「☑ tokuten 」のようになっていると、ステージにその値が表示されます。

☐ **12.** ボールがパドルに触れると、得点が1点ずつ増えるようにできますか？
最初に0にしておくのを忘れないようにしましょう。

ゲームに変化をつける

ペンを下ろしたままで実行するとよくわかりますが、ボールの動きが単調です。そこで、ボールが跳ね返る角度に乱数を使って変化をつけたり、得点が増えるとだんだんボールが速く動くようにしましょう。

ボールのコード

☐ **13.** ボールがパドルで跳ね返る角度が変化するようにできますか？
跳ね返る角度は `180 - 向き 度に向ける` で決めています。

ボールの速さは、`10 歩動かす` で指定している「一度に動く歩数」で決まることは先に確かめました。得点が増えるとボールが速くなるようにするために、この歩数が少しずつ大きくなるようにしましょう。
変数「tokuten」を作ったのと同じやり方で、一度に動く歩数を覚えている変数「hosuu」を用意しましょう。
ブロックカテゴリで「**変数**」を選び、「変数を作る」でしたね。ただし、「hosuu」はボールだけが使う変数なので、「**このスプライトのみ**」を選びましょう（図6）。

図6

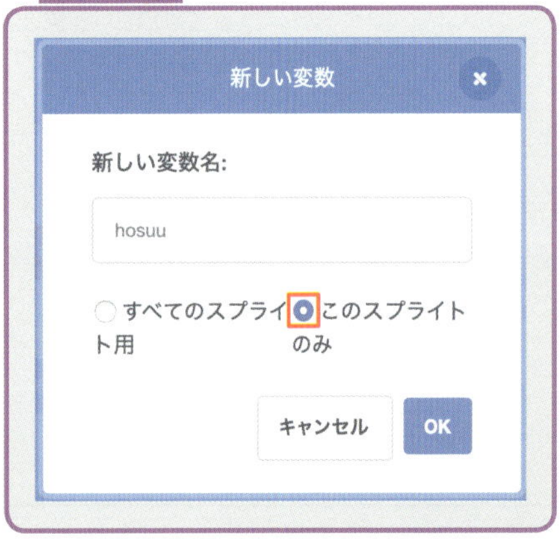

こうしておくとボール以外のスプライトからは見えなくなるので、他のスプライトが変数を取り違える心配がなくなります。

☐ **14.** 最初の歩数は5歩で始め、ボールがパドルに触れる度に歩数が0.5ずつ増えるようにしなさい。
ボールの動いた跡はもう必要ないので、描かないようにしましょう。

注意●変数「hosuu」に5を入れる場所は、ボールを動かし続けるプログラムかパドルで跳ね返るプログラムのどっちがよいかわかりますか？

背景

自分が選んだ背景をステージに表示することができます。画面右下の「背景を選ぶ」ボタンをクリックして、自分の好きな背景を選びましょう（図7）。以下ではNeon TunnelとRaysで説明します。

ステージはスプライトではありませんが、スプライトと同じようにコードを持つことができます。背景はステージのコスチュームのように取り扱われます。ステージのコードを作ったり、背景を選んだりするときは、図7の赤で囲んだ部分をクリックします。

図7

☐ **15.** 得点が10点になったら背景が変わるようにしましょう。
「見た目」カテゴリにあるブロック 背景を 背景1 にする を使うと、背景を切り替えることができます。

タイマー

タイマーは秒数で時間を測る時計です。ブロックカテゴリの「調べる」の中に含まれています。

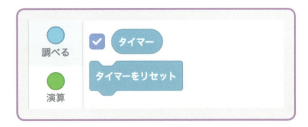

タイマーの秒数は変数 `タイマー` に入っていて、どのスプライトからでも使えます。ブロックパレットの `タイマー` の前に ☑ を入れると、ステージにタイマーが表示されます。タイマーを0に戻すときは `タイマーをリセット` を使います。

□ **16.** `タイマー` の値を調べて1分間でゲームが止まるようにできますか？
どのスプライトまたはステージのコードにするのがよいか考えましょう。

こたえと説明

01.
ブロックをクリックするとボールが跳ねまわることを確かめましょう。もう一度クリックすると動きが止まります。

02.
ボールの動きを速くするには、歩動かすの窓に指定している歩数を大きくします。歩数を小さくすると遅くなります。

03.

座標は第2章で勉強しました。ステージで左右の中央はx座標が0です。上の端はy座標が180なので、その少し下で150にしました。
右下は135度に向けています。

04.

05.

動き始める位置と向きが決まったところで「全部消して、ペンを下ろす」ときれいに描けますね。一回に動く歩数を大きくしすぎると、動いたあとの線がきれいに描けなくなります。拡張機能「ペン」は第3章に説明があります。

06.

y座標は変わらないので、最初に一度だけ指定すればすみます。

07.

08.

パドルで跳ね返ったボールが1秒以内にもう一度パドルに当たることは考えにくいので、1秒間くらいは判定が止まっていても問題はないでしょう。

09.

10.

ボールのy座標がパドルより下になったら落としたと判定できます。または、ステージの一番下に線を引いておいて、それに触れたら落としたと判定することもできます。

ここでは、ステージの一番下に線（ライン）を置く方法を使います。

11. ───

最初にラインの位置を指定しておくと、ステージの一番下に移動してからゲームが始まります。

12.

ワーク9の結果にtokutenを0にする命令とtokutenを1ずつ増やす命令を追加しました。

`tokuten を 1 ずつ変える` は1ずつ増やします。

`tokuten を -1 ずつ変える` にすると1ずつ減らします。

13.

跳ね返る角度が左右に20度変化するようにしました。180-20から180+20までです。この幅を大きくし過ぎるとパドルを突き抜けてしまうことがあるので注意しましょう。

14.

ボールを動かし続けるプログラム：
変数「hosuu」を使って一回に動く歩数を決めています。

パドルで跳ね返るプログラム：
パドルに触れる度に0.5ずつ増しています。

```
🏁 が押されたとき
tokuten ▼ を 0 にする
ずっと
  もし < Paddle ▼ に触れた > なら
    tokuten ▼ を 1 ずつ変える
    【hosuu ▼ を 0.5 ずつ変える】
    Pop ▼ の音を鳴らす
    160 から 200 までの乱数 - 向き 度に向ける
    1 秒待つ
```

`hosuu ▼ を 5 にする` は、ボールを動かし続けるプログラムに入れるのが安全です。それは、`hosuu` を使う前に `hosuu ▼ を 5 にする` を実行しなければならないからです。値を入れる前にそれを使ってしまうのは、よくある誤りです。

このプログラムで `hosuu` を使うのは、`hosuu 歩動かす` と `hosuu ▼ を 0.5 ずつ変える` の2か所です。パドルに触れる前にボールが動くので、`hosuu 歩動かす` の前に入れました。

1つのブロック並びの中では前にあるブロックが先に実行されますが、🏁 が押されたとき で始まる2つのブロック並びでは、どちらが先に実行されるかはわかりません。

15.

得点が10点になったら、背景を切り替えます。

16.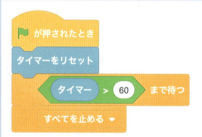

　どのスプライトのコードにしても動作は変わりませんが、背景と同じように全体のことと考えて、ステージのコードとしました。
　あるいはプログラムの停止に関わることだから、ラインのコードとしてもよいでしょう。

第6章

メッセージを使ってみよう

ここで学ぶこと

メッセージ。倍数の計算。

ゴールと道すじ

ゴール

メッセージを使って動作のタイミングを合わせる方法を理解する

道すじ

(1) メッセージを送り合って会話する練習をする
(2) 3つのスプライトが順に数を数えるプログラムを作る
(3) 条件に合う数のときだけ、声に出すプログラムを作る

メッセージを送る

メッセージは「合図」のことです。合図を使うと、示し合わせた動作ができます。メッセージは全部のスプライトに届きます。何の合図であるのかは、名前で区別します。

イヌが送ったメッセージを受け取って、アヒルとカエルが声を出すプログラムで練習しましょう。新しいプロジェクトを開き、名前をつけてから作業を始めましょう。

登場するのはイヌとアヒルとカエルです。
スプライトリストの右下にある「スプライトを選ぶ」　ボタンをクリックして3つのスプライトを追加し、ネコを削除しましょう。

メッセージを送る命令ブロック　メッセージ1▼ を送る　と、メッセージを受け取る命令ブロック　メッセージ1▼ を受け取ったとき　は、「**イベント**」カテゴリの中にあります。

ここで作るプログラムの動作は次の通りです。

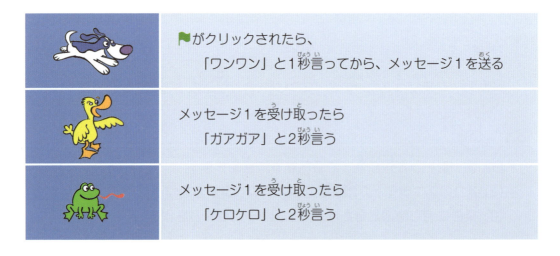

□ **01.** 上の表のように動くプログラムを作りなさい。
声に出すところは「**見た目**」カテゴリの　こんにちは！と 2 秒言う　を使いましょう。

メッセージを使ってみよう

会話する

次のような会話をするプログラムを作ります。会話は次の表の1から4の順に進みます。何かを言った後、次のセリフのきっかけになるメッセージを送ります。それらのメッセージを区別するのは、メッセージの名前です。

		イベント	セリフ	送るメッセージ
1		⚑がクリックされた	「あそぼうよ！」	(A)
2		(A)を受け取った	「うん。ブランコは？」	(B)
3		(B)を受け取った	「いいね。早く行こう」	(C)
4		(C)を受け取った	「ボクも行くよ」	

メッセージに名前をつけるときは、 [メッセージ1 ▼ を送る] の窓をクリックして「新しいメッセージ」を選びます（図1）。メッセージ名を指定するパネルが表示されたら、名前を指定します（図2）。

図1

図2

☐ **02.** ⚑をクリックすると、上の表のように会話をするプログラムを作りなさい。メッセージの名前は、A、B、Cにします。
日本語入力が得意でなかったら、セリフはローマ字でも数字でも構いません。

3人で数を数える

次のプログラムにもイヌ、アヒル、カエルが登場します。
そこで「プロジェクトのコピー」を使ってみましょう。画面上部のメニューでファイルをクリックして、「コピーを保存」を選びます。

プロジェクトの名前が「… copy」になったら、すぐに新しい名前をつけておきましょう。

プログラムは大きく違うので、コードエリアのプログラムを消してから作業を始めましょう。それぞれのスプライトのコードエリアで、ブロックがないところをマウスで右クリックし、表示されたメニューで「…個のブロックを削除」を選ぶと、そのスプライトのコードを全部削除できます。

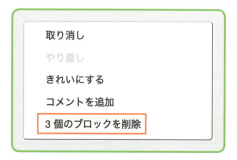

これから作るのは、アヒル、カエル、イヌの順に、1、2、3、…と数を数えるプログラムです。

誰から誰に送るメッセージかの区別は、メッセージの名前で判断します。なお、待っていないメッセージが届いても無視されます。

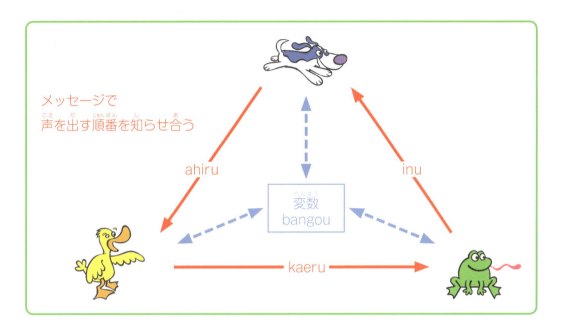

メッセージは合図を送るだけなので、数や文字を伝えるには変数を使います。

いま数えている番号を覚えておくために「bangou」という名前の変数を作ります。
ピンポンゲームと同じようにして変数を作りましょう。「bangou」は、イヌとアヒル、カエルが読んだり書いたりする変数ですから、すべてのスプライト用でなければなりませんね。

プログラムの動作

イヌ	🏁がクリックされたら、 　変数「bangou」を0にする 　メッセージ「ahiru」を送る メッセージ「inu」を受け取ったら 　bangouを1つ増やしてから声に出す 　メッセージ「ahiru」を送る
アヒル	メッセージ「ahiru」を受け取ったら 　bangouを1つ増やしてから声に出す 　メッセージ「kaeru」を送る
カエル	メッセージ「kaeru」を受け取ったら 　bangouを1つ増やしてから声に出す 　メッセージ「inu」を送る

　イヌ、アヒル、カエルのコードはよく似ています。そんなときは、コピーしてから修正すると手間が省けます。

別なスプライトのコードエリアにコピーする方法

　たとえば、イヌのコードエリアのブロックをアヒルのコードエリアにコピーするなら、ブロックをドラッグしてスプライトリストのアヒルの上に落とします（図3）。

図3

☐ 03. 「プログラムの動作」に従って、イヌ、アヒル、カエルのコードを作りなさい。

メッセージを使ってみよう

070

倍数

2の倍数は2、4、6、8、… のように2で割り切れる数のことです。同じように、3の倍数は3、6、9、12、… のように3で割り切れる数のことをいいます。

ある数が2の倍数かどうかを調べたいときは、その数を2で割って余りが0かどうかを調べればわかります。割り算の余りを調べるブロック ◯を◯で割った余り が「演算」カテゴリの中にあります。

倍数か調べて声に出す

これから作るのは、イヌが声に出した数が、2の倍数のときはアヒルが声に出し、3の倍数のときはカエルが声に出すというプログラムです。

プログラムの動作は次の通りです。

　🏁がクリックされたら、
　　1から100までの乱数を使って問題の数を決める。
　　「問題は…」と問題の数を1秒声に出す。
　　メッセージ「douzo」を送る。
　　1秒待って繰り返す。

　メッセージ「douzo」を受け取ったら、
　　問題の数が2の倍数かどうかを調べる。
　　2の倍数なら「…は2の倍数」と1秒声に出す。

　メッセージ「douzo」を受け取ったら、
　　問題の数が3の倍数かどうかを調べる。
　　3の倍数なら「…は3の倍数」と1秒声に出す。

今度は、新しいプロジェクトで始めましょう。画面右上の「ファイル」メニューから「新規」をクリックします。ネコを削除し、イヌ、アヒル、カエルを追加します。

問題になる数を入れる変数「mondai」を用意します。ここでは、すでに用意されている変数の名前を変えて使ってみましょう。ブロックパレットの 変数 をマウスで**右クリック**し、「変数名を変更」を選びます（図4）。

図4

パネルが表示されたら新しい名前として「mondai」と指定します（図5）。
もしすでに「変数」という名前を使っていたら、そのすべてが新しい名前に変わります。

ここでブロック apple と banana の働きを説明します。このブロックは2つのことばをつないでくれます。たとえば変数 mondai に12が入っているとき 問題は と mondai は「問題は12」ということばになります。

図5

mondai などをブロックにはめ込むときは、白い輪の表示に注意しましょう。なお、巻末の「ブロックの窓にはめ込む」に説明があります。

□ 04. 「プログラムの動作」を見て、「倍数か調べて声に出すプログラム」を作りなさい。
ヒント：次のようなブロックを使います。

072

こたえと説明

01.

▶ が押されたとき
ワンワン と 1 秒言う
メッセージ1 ▼ を送る

メッセージ1 ▼ を受け取ったとき
ガアガア と 2 秒言う

メッセージ1 ▼ を受け取ったとき
ケロケロ と 2 秒言う

02.

▶ が押されたとき
あそぼうよ！ と 1 秒言う
A ▼ を送る

D ▼ を受け取ったとき
いいね。早く行こう と 2 秒言う
C ▼ を送る

メッセージの送り手と受け手に注意しましょう。
セリフを表示する秒数は自由です。

A ▼ を受け取ったとき
うん。ブランコは？ と 2 秒言う
B ▼ を送る

C ▼ を受け取ったとき
ボクも行くよ と 2 秒言う

073

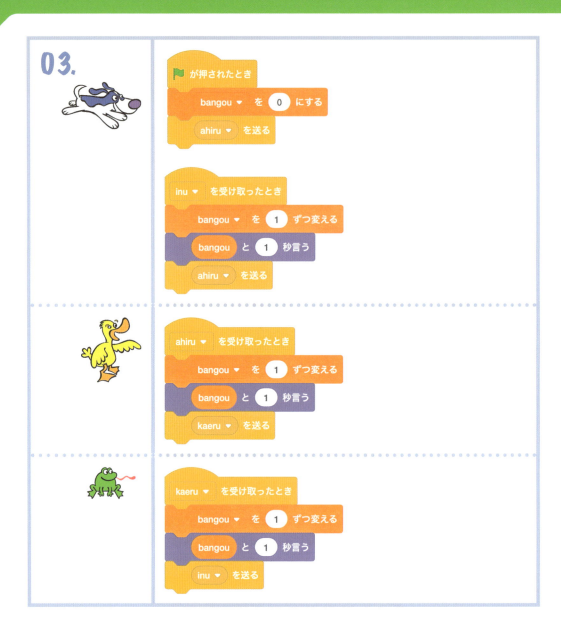

04.

　ブロックの白い窓に数字を入れるところがたくさん出てきました。
　繰り返しになりますが、数字は半角文字で入力しないと正しく動作しません。見た目では全角文字との区別が難しいので、注意しましょう。プログラムが動かないときは、もう一度半角文字で指定しなおしてみましょう。

```
▶ が押されたとき
ずっと
    mondai ▼ を 1 から 100 までの乱数 にする
    問題は と mondai と 1 秒言う
    douzo ▼ を送る
        1 秒待つ
```

```
douzo ▼ を受け取ったとき
もし  mondai を 2 で割った余り = 0  なら
    mondai と は2の倍数 と 1 秒言う
```

```
douzo ▼ を受け取ったとき
もし  mondai を 3 で割った余り = 0  なら
    mondai と は3の倍数 と 1 秒言う
```

第1章

ボール！集まれ！

ここで学ぶこと

クローン。タイマー。メッセージ。

ゴールと道すじ

ゴール

クローン、タイマー、メッセージの使い方を学ぶこと

道すじ

(1) クローンを使って、たくさんのボールが動き回るようにする
(2) タイマーを使って、ネコが5秒ごとに鳴くようにする
(3) メッセージを送って、ボールを止める
(4) ボールがネコのところに集まるようにする

クローンの練習

クローンは分身の術のように、スプライトのコピーを作るテクニックです。

たとえばピンポンゲームのボールのクローンを作ると、たくさんのボールがステージの中を動き回るようになります。

図1のようにボールが次々と増えていくプログラムで練習しましょう。

図1

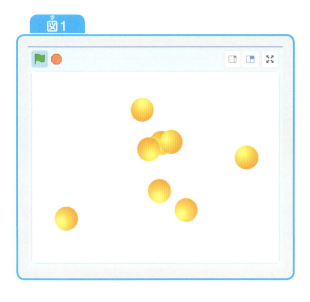

ボール！集まれ！

新しいプロジェクトを作り、名前をつけます。

ネコを削除して、ボール を追加しましょう。

ボールのコード

☐ **01.** ピンポンゲームのように、🏁を押すと「ずっと動き続けるボール」を作りなさい。
まだクローンは使いません。
`◯度に向ける` と `0から360までの乱数` を使って動き始めの向きが変化するようにしましょう。

ワーク1で作ったボールをお手本にしてクローン（分身）を作ります。

分身を作るときは「制御」カテゴリの中の `自分自身▼ のクローンを作る` を使います。分身になってからの仕事は `クローンされたとき` の下に並べます。

ワーク1の最初の `▶が押されたとき` を `クローンされたとき` で置き換えます。一方で、▶を押したときには `自分自身▼ のクローンを作る` を実行するようにします。プログラムは次のようになります。

☐ **02.** ▶を押したとき、1秒ごとに自分自身のクローンを作り続けるようにしなさい。

ワーク2で1秒ごとに新しいボールが動き始めるようになりましたが、最初のボールだけが動かずにじっとしています。この動かないボールがお手本に使っているスプライトです。

☐ **03.** お手本のボールを見えないようにできますか？
お手本は `隠す` しておいて、クローンされたときに `表示する` を使います。

まとめ

● `▶が押されたとき` には、お手本を `隠す` で見えなくします。

● `クローンされたとき` には、`表示する` でクローンが見えるようにしてから、仕事をします。

079

ボールが動き回る

クローンに加えてメッセージやタイマーを使ってプログラムを作ります。

新しいプロジェクトを作って名前をつけたら、さっそく始めましょう。

図2

 ボールのコード

ネコのスプライトは消さず、ボールのスプライトを追加してクローンを作る方のプログラムから始めます。

☐ **04.** ワーク3を参考にして、🏁が押されたとき自分自身のクローンを20個作るプログラムを作りなさい。
最初に `隠す` と `大きさを 60 %にする` を実行し、`次のコスチュームにする` を使って色を変えながらクローンを作るようにしましょう。次のワーク5と一緒に動かします。

☐ **05.** クローンされたときのプログラムはワーク3とほぼ同じですが、少し動きをゆっくりにしましょう。
クローンされたら `表示する` し、最初の向きを0度から360度の乱数にします。
`5 歩動かす` と `もし端に着いたら、跳ね返る` を使って、動き回るようにしましょう。

ネコが5秒ごとに鳴く

ネコのコード

　時間を測るにはタイマーを使います。タイマーはストップウォッチのように0に戻すことができる時計で、いつでも秒数を数えています。0に戻すには `タイマーをリセット` を使います。また、タイマーの秒数は、`タイマー` を使って調べます。タイマーのブロックは「**調べる**」カテゴリにあります。

☐ **06.** タイマーを使って、🏁を押すとネコが5秒ごとに「ニャーと鳴く」ようにしましょう。
`タイマーをリセット` 、 `タイマー > 5` 、 `まで待つ` 、 `終わるまで ニャー▼ の音を鳴らす`
を使います。

ボールを止める

ネコとボールのコード

☐ **07.** ネコがニャーと鳴いたら、ボールが止まるようにしましょう。
ネコが `終わるまで ニャー▼ の音を鳴らす` のあとすぐに「メッセージ1」を送ります。
ボールは、そのメッセージを受け取ったらプログラムを止めます。
`すべてを止める▼` を使いましょう。

081

ボール！集まれ！

ネコがニャーと鳴いたら、ボールがネコのところに集まるようにしましょう。

ネコのコード

☐ **08.** ネコがいつも同じ場所にいるのでは、おもしろくありません。`1 秒で どこかの場所 へ行く` を使って動き続けるようにできますか？ここでは動き続けるプログラムとして別に作ります。

ボールのコード

ネコからのメッセージを受け取ったときのボールの動きをプログラムします。

ワーク8と同じブロックを使って、行き先を「スプライト1」にします（図3）。「スプライト1」はネコにつけられた名前です。

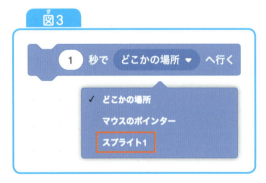
図3

☐ **09.** 「メッセージ1」を受け取ったとき `すべてを止める` をやめて、ボールが2秒後にネコのところに集まるようにしなさい。集まったあとは、向きを0度から360度の乱数にしましょう。

発展学習

　ボールが集まってきたときには、すでにネコが移動を始めています。ボールが集合するまで、ネコがその場で待つようにしたいのですが、どうしたらいいか考えましょう。

　やっかいなのは **ワーク** 9までに作ったプログラムでは、鳴いてメッセージを送るプログラムと、ネコが動き回るプログラムが別になっていることです。そのため「止まれ」という指示をやり取りしなければなりません。

ネコのコード

　いくつかの方法が考えられますが、鳴いたあとでいったん止まるようにするために、次の2つのプログラムを1つにまとめましょう。

☐ **10.**

上の2つのプログラムを1つにまとめなさい。

☐ **11.** 集合するまで待つようにできますか？
ヒント： `メッセージ1 ▼ を送る` を `メッセージ1 ▼ を送って待つ` に変えます。

083

こたえと説明

ボール！集まれ！

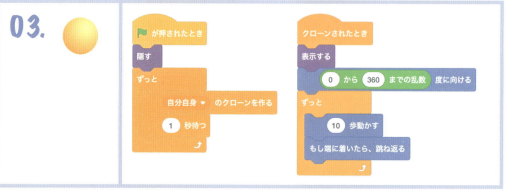

05.

```
クローンされたとき
表示する
0 から 360 までの乱数 度に向ける
ずっと
    5 歩動かす
    もし端に着いたら、跳ね返る
```

06.

```
▶ が押されたとき
ずっと
    タイマーをリセット
    タイマー > 5 まで待つ
    ニャー ▼ の音を鳴らす
```

07.

```
▶ が押されたとき
ずっと
    タイマーをリセット
    タイマー > 5 まで待つ
    終わるまで ニャー ▼ の音を鳴らす
    メッセージ1 ▼ を送る
```

メッセージを送るブロックを追加しました。

```
メッセージ1 ▼ を受け取ったとき
    すべてを止める ▼
```

08.

ネコを動き続けるようにするプログラムだけを別に作りました。
　ワーク10では、1つにまとめる方法を示します。

09.

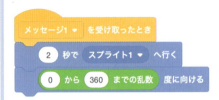

10.

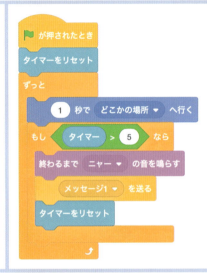

ネコが

`1 秒で どこかの場所 へ行く`

によって移動している間はタイマーを調べられないので鳴くのは5秒より少し遅れます。

11.

第8章 シューティングゲームで遊ぼう

ここで学ぶこと

クローン。イベント。効果音。乱数。

ゴールと道すじ

ゴール

イベント、効果音、乱数をうまく使えるようになること

道すじ

(1) 発射台を作る
(2) 弾丸を作る
(3) 背景と標的を作る

ゲームの説明

　次の図のように上から落ちてくる贈り物を下の「ケーキ」から「いちご」で撃ち落します。弾丸や標的のように同じものがたくさんあるとき、クローンを使うと簡単に作れます。

　プロジェクトに名前をつけ、ネコのスプライトを削除して始めましょう。

発射台を作る

　発射台にするスプライト （Cake、ケーキ）を選んで追加しましょう。

ケーキのコード

　発射台は画面の一番下にあって、上向きに弾丸を発射します。

`y座標を -180 にする` で発射台をステージの一番下に置きましょう。また、`大きさを 70 %にする` を使って大きさを調整します。

☐ **01.** 上の説明に従って発射台を作りましょう。
発射台を、マウスで左右に動かせるようにできますか？ピンポンゲームのパドルと同じですね。

弾丸を作る

まず弾丸を1発だけ作って、それがうまく動くようになったらクローンを使って次々に発射できるようにします。弾丸にするスプライト （Strawberry、いちご）を追加しましょう。

いちごのコード

弾丸は、ステージの一番下からまっすぐ上に向かって動きます。「いちご」の動きから始めましょう。
ステージの一番下はy座標が-180、一番上は180でした。まっすぐ上に向かって動くには、スプライトの向きによって方向が変わる `歩動かす` よりも `y座標を ずつ変える` の方が便利です。

☐ **02.** 「スペースキー」を押すと、ステージ中央の一番下から一番上まで「いちご」が動くプログラムを書きましょう。

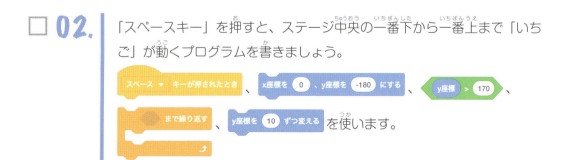

次に、弾丸が発射されたときの最初の位置を考えましょう。

弾丸を発射したとき、「いちご」は発射台（ケーキ）のすぐ上に現れます。
それなら、いちごのx座標はケーキのx座標と同じです。
いちごのy座標はケーキのy座標より少し大きい値になります。ケーキのy座標が-180なので、それより50くらい大きくして-130にしましょう。
すると、 `x座標を Cake の x座標、 y座標を -130 にする` になりますね。ケーキのx座標は「調べる」カテゴリの `ステージ の 背景#` で▼をクリックして選びます。

☐ **03.** 弾丸が発射台のすぐ上から、上に向かって動くようにできますか？

☐ **04.** スペースキーを押すと、1発だけ弾丸が飛び出すところまでを完成させなさい。
「いちご」はそのままでは大きすぎるので、 `大きさを 25 %にする` を使って小さくします。発射のときは `chomp の音を鳴らす` を使って音を出しましょう。

最後に、クローンを使って弾丸をどんどん発射できるようにしましょう。
`スペース キーが押されたとき` を `クローンされたとき` に変えると、クローンを作るたびにどんどん弾丸を発射できるようになります。ただし、クローンを使い終わったら `このクローンを削除する` で後始末をしないとステージの上の方に使用済みのクローンがたまってしまいます。

「クローンの練習」でしたように、 `が押されたとき` は `隠す` しておいて、クローンされたときに `表示する` ようにしましょう。
スペースキーが押されたら「いちご」のクローンを作ります。これで弾丸が発射されます。

さて、「いちご」のクローンを作るのは誰の仕事だと思いますか？「いちご」でも「ケーキ」でも同じですが、弾丸を発射するのは発射台の仕事だから「ケーキ」にしましょう。

🍓🎂 いちごのコードと、ケーキのコード

☐ **05.** 上の説明に従って、発射台と弾丸のコードを修正しなさい。
`0.5 秒待つ` を使って弾丸が出すぎないように工夫しましょう。

シューティングゲームで遊ぼう

090

背景と標的

背景と標的を選びましょう。ここでは背景にWinter（冬）を、標的に （Gift、贈り物）を使いました。

贈り物のコード

クローンを作る方から始めます。

☐ **06.** 🏁 を押したら、標的のクローンを作り続けるようにしましょう。
0.2秒から1秒の時間を空けて標的が現れるようにできますか？
`1 秒待つ` 、 `0.2 から 1 までの乱数` を使います。
`隠す` と `大きさを 50 %にする` を忘れないようにしましょう。

次にクローンされたときの動作を作りましょう。
`クローンされたとき` で始め、`表示する` して見えるようにするのは「いちご」と同じです。
標的はステージの一番上のどこかからバラバラに落ちてくるようにしましょう。
一番上だからy座標は180です。x座標はステージの左端が-240、右端が240なので、この範囲の乱数を使います。

☐ **07.** `y座標を -5 ずつ変える` を使ってゆっくりと落ちてくる贈り物を作りなさい。
弾丸とは逆に下に落ちてくるので、`y座標 < -170` になったら `このクローンを削除する` を実行するようにします。

効果音を追加しましょう。効果音を追加するときは、「音」タブ を選んでから、画面左下の「音を選ぶ」ボタン を押して好きな音を選びます。

贈り物が弾丸に触れたときは、たとえば [Zoop▼ の音を鳴らす] を鳴らしてから消します（[このクローンを削除する]）。判断には [Strawberry▼ に触れた] を使います。また、下まで落ちたら [Bonk▼ の音を鳴らす] などで音を出してからクローンを削除しましょう。効果音は好きなものを使って構いません。

☐ **08.** 弾丸が当たったときの処理と効果音を加えて、シューティングゲームを完成させましょう。

発展問題

☐ **09.** 弾丸を発射する間隔を変えたいときはどこを直したらいいですか？

☐ **10.** 標的の現れる間隔を変えたいときはどこを直したらいいですか？

☐ **11.** 落ちる速さを変えたいときはどこを直したらいいですか？

☐ **12.** 標的が色を変えながら落ちてくるようにできますか？
[色▼ の効果を 25 ずつ変える] を使います。

☐ **13.** 弾丸がまっすぐに飛ばず、左右にふらふらと揺れながら進むようにできますか？
[歩動かす] ではないので、スプライトの向きを変える方法は使えません。[-10 から 10 までの乱数] を使ってx座標を変化させます。

こたえと説明

01.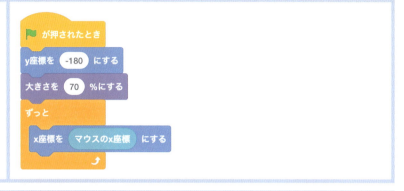

```
🏁 が押されたとき
y座標を -180 にする
大きさを 70 %にする
ずっと
  x座標を マウスのx座標 にする
```

02.

```
スペース ▼ キーが押されたとき
x座標を 0 、y座標を -180 にする
y座標 > 170 まで繰り返す
  y座標を 10 ずつ変える
```

　ステージ中央のx座標は0です。ステージの外に大きくはみ出さないように、y座標が170を超えたら繰り返しを止めています。
　ステージの外にはみ出すときの注意を、巻末の「よくあるトラブルの原因」で説明しています。

03.

```
スペース ▼ キーが押されたとき
x座標を Cake ▼ の x座標 ▼ 、y座標を -130 にする
y座標 > 170 まで繰り返す
  y座標を 10 ずつ変える
```

ワーク2との違いは、最初の位置だけです。

093

04.

```
スペース▼ キーが押されたとき
x座標を Cake▼ の x座標▼ 、y座標を -130 にする
大きさを 25 %にする
chomp▼ の音を鳴らす
y座標 > 170 まで繰り返す
    y座標を 10 ずつ変える
```

05.

```
🏁 が押されたとき
隠す
大きさを 25 %にする
```

　お手本で `大きさを 25 %にする` を実行しておけば、1回で済みます。クローン側で実行すると、クローンの数だけ繰り返すことになります。

```
クローンされたとき
表示する
x座標を Cake▼ の x座標▼ 、y座標を -130 にする
chomp▼ の音を鳴らす
y座標 > 170 まで繰り返す
    y座標を 10 ずつ変える
このクローンを削除する
```

　細かいことですが、クローンごとに変わるのはx座標だけなので、`x座標を Cake▼ の x座標▼ 、y座標を -130 にする` の代わりに、お手本で `y座標を -130 にする` を使ってy座標を決めておき、クローンされたときに `x座標を Cake▼ の x座標▼ にする` でx座標だけ指定するのも良い方法です。

弾丸の発射を追加します。左右に動かすところはそのままです。

```
スペース ▼ キーが押されたとき
  Strawberry ▼ のクローンを作る
  0.5 秒待つ
```

06.

```
▶ が押されたとき
隠す
大きさを 50 %にする
ずっと
  自分自身 ▼ のクローンを作る
  0.2 から 1 までの乱数 秒待つ
```

07.

```
クローンされたとき
表示する
x座標を -240 から 240 までの乱数 、y座標を 180 にする
y座標 < -170 まで繰り返す
  y座標を -5 ずつ変える
このクローンを削除する
```

08.

```
▶ が押されたとき
y座標を -180 にする
大きさを 70 %にする
ずっと
  x座標を マウスのx座標 にする
```

```
スペース ▼ キーが押されたとき
  Strawberry ▼ のクローンを作る
  0.5 秒待つ
```

095

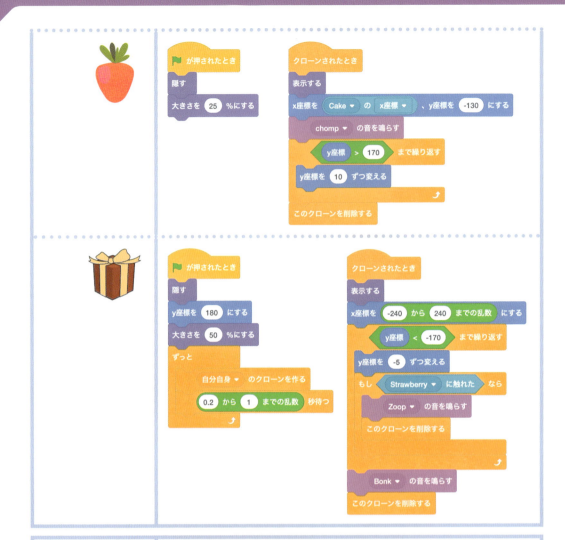

09.

0.5秒間隔で弾丸を発射しています。この時間を書き換えて、動きがどう変わるかを確かめましょう。

10.

```
■が押されたとき
隠す
大きさを 50 %にする
ずっと
    自分自身 ▼ のクローンを作る
    0.2 から 1 までの乱数 秒待つ
```

　0.2秒から1秒の間隔を空けてギフトのクローンを作っています。
　たとえば、この時間を1秒から2秒にすると、標的の数が少なくなってゲームがやさしくなります。

11.

```
クローンされたとき
表示する
x座標を -240 から 240 までの乱数 にする
    y座標 < -170 まで繰り返す
    y座標を -5 ずつ変える
    もし Strawberry ▼ に触れた なら
        Zoop ▼ の音を鳴らす
        このクローンを削除する
Bonk ▼ の音を鳴らす
このクローンを削除する
```

　一度にy座標を-5ずつ変えています。-5は下向きに5ずつ動くということです。この距離を0にすると、落ちてこなくなります。-1ならとても遅く、-10なら速くなります。
　値を書き換えて実験してみましょう。

12.

```
クローンされたとき
表示する
x座標を -240 から 240 までの乱数 にする
y座標 < -170 まで繰り返す
    y座標を -5 ずつ変える
    色 の効果を 25 ずつ変える
    もし Strawberry に触れた なら
        Zoop の音を鳴らす
        このクローンを削除する
Bonk の音を鳴らす
このクローンを削除する
```

下に向かって1回動くたびに、色が変わります。

13.

```
クローンされたとき
表示する
x座標を Cake の x座標 、y座標を -130 にする
chomp の音を鳴らす
y座標 > 170 まで繰り返す
    y座標を 10 ずつ変える
    x座標を -10 から 10 までの乱数 ずつ変える
このクローンを削除する
```

第9章

最大値を見つけよう

ここで学ぶこと

変数。リスト。繰り返しと判断。手順の考え方。

ゴールと道すじ

ゴール

一番大きい数を見つけるプログラムで、手順の考え方を学ぶこと

道すじ

(1) 2つの値から大きい方を選ぶプログラムで練習する
(2) 3つの中で一番大きい数を見つける方法を考える
(3) たくさんの中から一番大きい数を見つけられるようにする

2つの数から大きい方を選ぶ

　ネコが2つの数を決め、イヌはその中から大きい方を声に出すプログラムを作ります。新しいプロジェクトを作り、名前をつけましょう。

ネコのコード

　🏁を押すと、ネコは問題にする2つの数を決めてから、イヌにメッセージ「douzo」を送ります。2つの数をイヌに伝えるために2つの変数が必要なので、これから変数「a」と「b」を用意します。

　ブロックカテゴリの「変数」をクリックします。ブロックパレットにある 変数 は使わないので、マウスで右クリックして削除を選びましょう。

　次に「変数を作る」をクリックし、表示されるパネルに変数名「a」を指定します。

　ネコが出した問題をイヌが読めるように、「すべてのスプライト用」を選びます。「このスプライトのみ」を選ぶとイヌが読めません。

　同じ操作で変数「b」を作りましょう。

　いま作った変数の前に✓が入っていますが、この状態ではステージに変数の名前とその値が表示されます。✓を外すとステージに変数の名前と値が表示されなくなります。そのことを確認してから、もと通り✓を入れておきましょう。

最大値を見つけよう

100

☐ **01.** ▶を押したら、乱数を使って変数「a」と「b」に1から10の値が入るようにしなさい。それぞれの変数に値を入れたら、メッセージ「douzo」を送りましょう。

イヌのコード

イヌのスプライトを追加しなさい。するとイヌのコードを入力できる状態になります。イヌはメッセージ「douzo」を受け取ったとき、大きい方の値を調べて声に出すようにします。

プログラムは、イヌがメッセージ「douzo」を受け取ったところから始まります。イベントカテゴリの中にある [douzo▼ を受け取ったとき] を使って「douzo」を受け取ったらプログラムが動き始めるようにします。

☐ **02.** 大きい方の値を声に出すようにイヌのコードを書きましょう。
「a」が「b」より大きいときは「a」を、そうでなければ「b」を声に出せばいいですね。

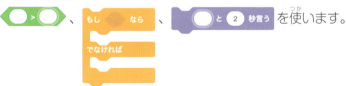

▶を押したとき、正しく動きますか？

□ **03.** もし、「a」と「b」が同じ数だったら、どうなるか考えましょう。どちらの変数の値を声に出しても同じことですが、実際にイヌが声に出しているのは「a」か「b」か、プログラムを調べましょう。

3つの値から一番大きいものを選ぶ

2つの数のうち大きい方を声に出すプログラムを書き換えて3つの数から一番大きい数を声に出すプログラムを作ります。

ネコのコード

3つめの数を保存するための変数「c」を追加しなさい。ネコが出した問題をイヌが読むので、「c」も「すべてのスプライト用」ですね。

□ **04.** が押されたら、「c」にも乱数を使って1から10までの範囲の値が入るように命令を追加しましょう。

イヌのコード

イヌのコードを書き換えます。ステージかスプライトリストのイヌをクリックしてから始めましょう。
今はまだ、「a」と「b」しか調べていないので正しく動きませんが、作業を進める前にを押したとき「a」、「b」、「c」の3つの変数に値が入っているのを確かめておきましょう。

□ **05.** 3つの中から、一番大きい数を見つけるにはどうしたらいいかを==考えましょう==。ここで大切なことは、比べることができるのは==2つの数==だけということです。
3つを一度に比べることができないのです。

最大値を見つけよう

102

- [ ] **06.** ワーク5のこたえに出てきた変数「x」を作りましょう。
この変数をネコが見ることはないので「このスプライトのみ」を選びましょう。
「a」と「b」を比べて、大きい方を「x」に覚えるようにできますか？

- [ ] **07.** 「x」と「c」を比べて、大きい方を「x」に覚えるようにするには、どんな命令を追加したらよいか考えましょう。

- [ ] **08.** 変数「x」に3つのうちで一番大きい値がはいりました。後は「x」を声に出すだけです。プログラムを完成させましょう。

たくさんの中から一番大きいものを選ぶ

　これまでに一番大きい数を声に出すプログラムを2つ作りました。2つまたは3つの数の中で一番大きい数を見つける方法は理解できましたか？

　これから作るのは、たくさんの数の中から一番大きいものを見つけるプログラムです。
　これまでのやり方では、調べる数が増えるたびにプログラムが大きくなります。それは、調べる数を「違う名前の別々の変数」に覚えているからです。だから、調べる数が増えると変数が多くなり、プログラムも大きくなります。
　その問題を解決するために「**リスト**」を使います。「リスト」は数をしまっておく**引き出し**が並んだもので、引き出しの番号を指定して値を読んだり書いたりできます。
　右の図は、「3つの値から一番大きいものを選ぶ」で使った3つの変数a、b、cと、これから使う10個の引き出しを持つリスト「mondai」です。
　リストにはいくつも引き出しがあって、多くの数をしまっておくことができます。引き出しの左の数字が引き出しの番号を表しています。

別々の変数でもリストでも同じじゃないかと思うかもしれませんが、実はとても大きな違いがあります。それは、繰り返し処理にできるかどうかという点です。リストでは、引き出しの番号を使って中身の値を読んだり書いたりできるから繰り返しの形にしやすいのです。

Scratchには用意されていませんが、「配列」というリストに似た仕組みもあります。配列はリストと違って、途中の引き出しを削除したり、途中に引き出しを追加したりできません。配列はデータをまとめて持つための最も簡単な仕組みです。この後の説明では強力なリストの機能を使わず、配列としての単純な機能だけを使っています。

ネコのコード

これまでの考え方に従って、新しくプログラムを作ります。
新しいプロジェクトを作って始めましょう。
ネコが出す問題を10個に増やします。10個の変数を用意するかわりに、「リスト」の10個の引き出しを使います。

「変数」カテゴリをクリックし、ブロックパレットの「リストを作る」をクリックします。
新しいリスト名は、「mondai」としました。このリストはネコとイヌとのやり取りに使うので「すべてのスプライト用」を選びましょう。

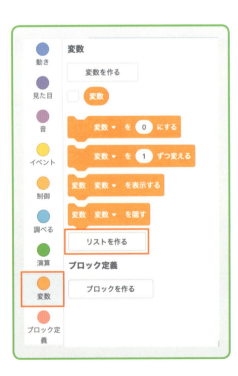

リストでは、何番目の引き出しかを指定して読み書きします。 `mondai▼ の 1 番目` は1番目の引き出しのことです。 `mondai▼ の 1 番目` を1つの変数のように使えるのです。

☐ **09.** 🏁が押されたら、 `mondai▼ のすべてを削除する` を使って全部の引き出しを空にしてから、1から100までの範囲の乱数を10個作ってリストに保存しなさい。 `10 回繰り返す` と `なにか を mondai▼ に追加する` を使うとできますね。

追加するときは引き出しの番号を指定しなくても最後に追加されます。最後に、メッセージ「douzo」を送るのを忘れないようにしましょう。

🏁を押してみましょう。リストに1から100までの範囲の値が10個入っていたらOKです。

イヌのコード

イヌの仕事は、メッセージ「douzo」を受け取ったら一番大きい数（最大値）を調べて声に出すことです。最大値の見つけ方を次のように考えます。

最大値の見つけ方

比べることができるのは2つの値だけです。シーソーに2つずつ、値をのせて調べるようなものです。

最初の2つをシーソーにのせて
軽い方を3番目と交換する
軽い方を4番目と交換する
… というふうに最後まで繰り返したら
見つかりますね

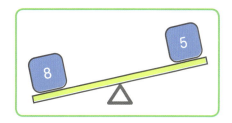

3つの値から一番大きいものを選んだときのやり方も、このシーソーのやり方と同じです。シーソーに残る重い方の数を「x」に保存していたのです。

イヌのスプライトを追加しましょう。

105

大きい方の数を覚えておく変数「x」を追加します。この変数はイヌだけが使うので「このスプライトのみ」を選択してから「OK」を押しましょう。

メッセージ「douzo」を受け取ったときにイヌがすることは次の通りです。

1. 1番目と2番目を比べて、大きい方を「x」に覚える。
2. 「x」と3番目を比べて、大きい方を「x」に覚える。
3. 「x」と4番目を比べて、大きい方を「x」に覚える。
4. 「x」と5番目を比べて、大きい方を「x」に覚える。
　（このあとも同じ）

1.は、他のものと違っていますね。でも、次のように1をAとBに分けると同じ形にできます。

1(A)　1番目を「x」に覚える。
1(B)　「x」と2番目を比べて、大きい方を「x」に覚える。
2.　　「x」と3番目を比べて、大きい方を「x」に覚える。
3.　　「x」と4番目を比べて、大きい方を「x」に覚える。
4.　　「x」と5番目を比べて、大きい方を「x」に覚える。
　　　（このあとも同じ）

同じことのように見えますが、同じ形になるように工夫するのはプログラムを作るときのコツの1つです。

リストの引き出しを順に調べるため、引き出しの番号を覚える変数「bangou」を作ります。この変数もイヌが最大値を調べるときに使うだけなので、「このスプライトのみ」を選択しましょう。

リスト「mondai」にいくつの引き出しがあるかは mondai▼ の長さ でわかります。最初に1番目を「x」に覚えているので、bangouは2番目から mondai▼ の長さ 番目まで調べるだけです。

□ **10.** メッセージ「douzo」を受け取ったとき、「x」に「mondai」の1番目を覚えるところを書きましょう。

douzo▼ を受け取ったとき 、 x▼ を 0 にする 、 mondai▼ の 1 番目 を使います。

最大値を見つけよう

☐ **11.** [x] が [mondai▼] の [bangou] 番目 より小さいとき、
[x] に [mondai▼] の [bangou] 番目 を覚える命令を書きましょう。

引き出しの番号を表す「bangou」を2から [mondai▼ の長さ] まで1ずつ大きくしていく繰り返しを考えましょう。ここでは部品を作るだけなので、繰り返しの中身は空っぽでもいいのですが、bangouの値を確かめるために [bangou と 0.5 秒言う] を入れておきましょう。

繰り返しは次の形になります。

● 最初にすることは [bangou] を2にする　　[bangou▼ を 2 にする]
● 繰り返しの中身は [bangou] を声に出す　　[bangou と 0.5 秒言う]
● 繰り返しの最後に [bangou] を1増やす　　[bangou▼ を 1 ずつ変える]

繰り返しの回数がはっきりしないときは、[　　まで繰り返す] が便利です。条件はどうなるか、次の**ワーク**で考えましょう。

☐ **12.** 繰り返しをやめる条件を考えて、引き出しの番号を表す「bangou」を2から [mondai▼ の長さ] まで1ずつ大きくしていく繰り返しを書きましょう。

☐ **13.** **ワーク**10から12までに作った部品で、イヌのプログラムを完成させましょう。
[bangou と 0.5 秒言う] のところに**ワーク**11のこたえが入ります。
最後に「x」を声に出すのを忘れないようにしましょう。
🏁をクリックして、正しく動くことを確かめましょう。

発展問題

☐ **14.** ネコが出す問題の数を100個にし、イヌがその中の最大値を声に出すようにできますか？

107

こたえと説明

01.

🏁を押すとそのたびにaとbの値が変わることを確かめておきましょう。

02.

03.

「a」と「b」が同じ値のとき （aはbより大きい）は正しくないので、「でなければ」の方が実行されます。ですから、実際に声に出しているのは「b」です。

どっちが大きいかを調べているときに、同じ値だったらと考えるのはめんどうです。でもそういうところが、プログラムが正しく動かなくなる原因になりやすいところなのです。

04.

最大値を見つけよう

05.

まず「a」と「b」のうち大きい方をいったん別な変数、たとえば「x」に覚えておきます。次に「x」と「c」を比べると、一番大きい数が分かります。

06.

07.

xがcと同じか、cよりも大きいときは、xにはすでに一番大きい数が入っているのですから何もしません。

08.

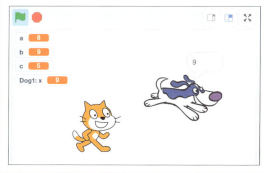

109

09.

🚩 が押されたとき
mondai▼ のすべてを削除する
10 回繰り返す
　1 から 100 までの乱数 を mondai▼ に追加する
douzo▼ を送る

10.

douzo▼ を受け取ったとき
x▼ を mondai▼ の 1 番目 にする

11.

もし < x < mondai▼ の bangou 番目 > なら
　x▼ を mondai▼ の bangou 番目 にする

12.

bangou▼ を 2 にする
< bangou > mondai▼ の長さ > まで繰り返す
　bangou と 0.5 秒言う
　bangou▼ を 1 ずつ変える

繰り返しの条件を < bangou = mondai▼ の長さ > にすると、最後の引き出しが処理から漏れてしまいます。

最大値を見つけよう

13.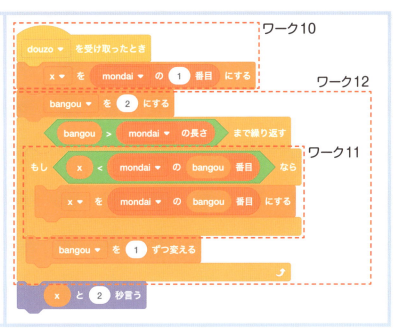

14.

繰り返しの数を100回にします。それだけです。

　イヌのプログラムは、問題の数が変化しても2つ以上ならそのままで正しく動きます。

　このワークは難しそうに見えますが、「リスト」の働きでデータの数が変わっても、そのままで正しく動きます。コンピュータは**繰り返し処理**が得意なのです。

第10章

数を並べ替えてみよう

ここで学ぶこと

変数。リスト。ソート。

ゴールと道すじ

ゴール

最大値のプログラムを使って、大きさの順に並べ替えるプログラムを作ること

道すじ

(1) 最大値を使ってソートする手順を考える
(2) 2つの数を入れ替える方法を考える
(3) ソートするプログラムを作る

ソートする手順を考える

　先に作った最大値のプログラムを使って、小さい数から順に並べ替えるプログラムを作ります。並べ替える仕事を「ソート」といいます。最大値のプログラムで問題を出していたネコのプログラムはそのまま使います。

　「並べ替え」はコンピュータで非常に多く使われる処理で、いろいろな方法が工夫されています。ここで説明するのは、単純選択法という最大値を使う方法です。

　一番大きい数（最大値）は最後に来るはずだから、次のようにするとできそうです。

1. 一番大きい数を取り出して、最後に移す
2. 残りの中で一番大きい数を取り出して、うしろから2番目に移す
3. 残りの中で一番大きい数を取り出して、うしろから3番目に移す
　　（残りがなくなるまで、繰り返す）

　次の図で考えましょう。黄色が最大値です。最大値を取り出して列のうしろから並べています。

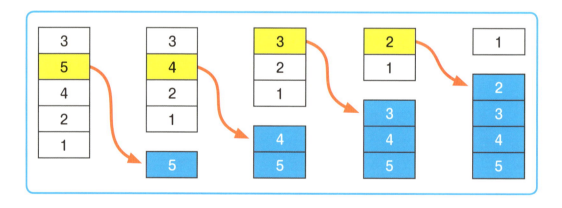

　この方法では、取り出した最大値を別な場所（青色のリスト）に並べています。図には示していませんが、取り出した場所が空いたままでは困るので黄色より下の数を上に動かして穴を埋めています。もっと簡単にできないでしょうか？。

最大値を別な場所に並べるかわりに、調べている範囲で最後の引き出しに入っている数と交換したらどうでしょう。調べている範囲というのは、 青 を除いた残りのことです。次の図で確かめましょう。

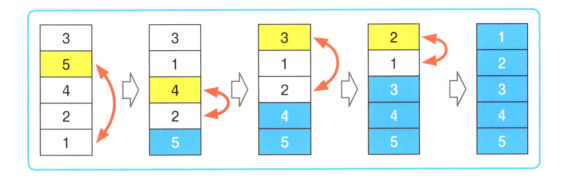

2つの値を交換する手順

2つの引き出しの中身を入れ替えるのは、ちょっと手間がかかります。
1つの例として、リスト「mondai」の2番目と5番目の引き出しの中身を入れ替えるところを考えましょう。

□ 01. 2番目の引き出しから取り出した数を5番目の引き出しに入れてから、5番目の引き出しから取り出した数を2番目の引き出しに入れるとどうなりますか？
そして、どうするのが正しいか考えましょう。

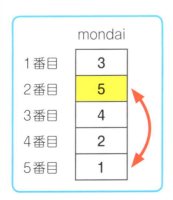

115

ソートのプログラム

ここまで考えたソートの方法に従ってプログラムを作りましょう。

最大値のプログラムを使うので、プロジェクトのコピーを作って始めるのが簡単です。最大値のプロジェクトを開いて、画面上部のメニューで「ファイル ⇒ コピーを保存」を選びます。

「ソート」など内容がわかる名前に変更しましょう。

 ネコのコード

ネコの仕事は問題を作ることです。

```
🚩 が押されたとき
mondai ▼ のすべてを削除する
10 回繰り返す
    1 から 100 までの乱数 を mondai ▼ に追加する
douzo ▼ を送る
```

最大値のプログラムの最後で問題の数を100個に増やしましたが、10個に戻しておきましょう。問題の数を少なくして簡単なところで動きを確かめます。

イヌのコード

　最大値のプログラムでは、リスト全体を調べて最大値を見つけました。でも、ソートのときは調べる範囲が毎回変わります。ソートのときに調べる範囲は、リスト全体の引き出しの数 `mondai の長さ` から始めて1つずつ減らして2まで変わります。1のときは最大値を調べる必要がありませんね。

　最大値のプログラムは削除せず、ソートの手順を追加します。
　調べる範囲を覚えておく変数として「n」を作りましょう。ここでは多くの変数を使わないので短い名前を使っています。変数「n」はイヌだけが使う変数ですから、「このスプライトのみ」を選びます。

□ 02. イヌが `mondai の長さ` から2まで順に声に出すようにできますか？
声に出すところは `n と 1 秒言う` を使います。「n」を1つずつ減らすには `n を -1 ずつ変える` （窓の中は -1 ）を使います。

　最大値を求めるプログラムを図1に示します。調べる範囲には `mondai の長さ` が使われています。

図1

図2

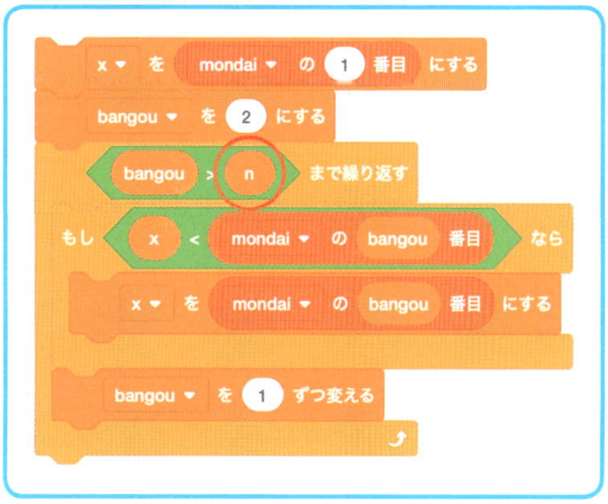

　ソートでは、調べる範囲を変数「n」に覚えているので、このプログラムは図2のように変わります。`mondai の長さ` を `n` で置き換えて図2の部品を用意しておきましょう。

117

03.

ワーク2で、「n」を声に出しているところを、図2に示した最大値を求めている部分で置き換えましょう。

残っているのは「見つけた最大値と最後（n番目）の数を入れ替える」仕事です。
最大値「x」が入っている引き出しの番号は、「変数」カテゴリの ▸mondai▾ 中の x の場所 ◂ を使うとわかります。

「2つの値を交換する方法」のところで説明したようにして、最大値とn番目の引き出しの数を交換しましょう。交換にはもう1つ別な変数が必要なので、イヌだけが使う「このスプライトのみ」の変数「t」を作りましょう。

図3を見てください。

❶ 変数「t」にリスト「mondai」のn番目の引き出しの数を覚える。
❷ 最後の引き出しに「x」を入れる。
❸ 変数「t」に覚えた数を「x」が入っている引き出しに入れる。
「x」が入っている引き出しの番号は ▸mondai▾ 中の x の場所 ◂ です。

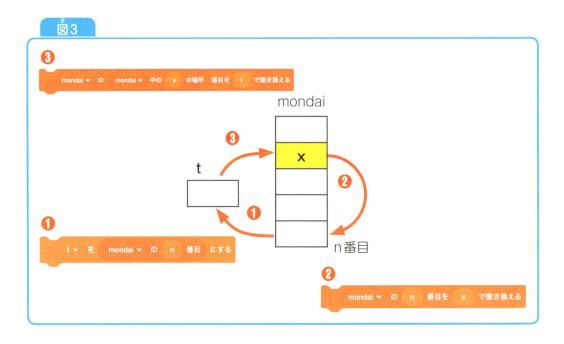

図3

04.

図3に従って、ワーク3の答えに最大値とn番目の数を交換する命令を追加しなさい。

こたえと説明

01.

2番目の引き出しから取り出した数（5）を5番目の引き出しに入れると、5番目の引き出しの中身が5になります。

このときに、5番目の引き出しに入っていた数（1）が上書きされてなくなります。

次に5番目の引き出しの5を2番目の引き出しに入れるので、結果は両方とも5になってしまいます。

正しくは、5番目の引き出しの中身をいったん別な場所に覚えて（❶）から、2番目を5番目に移し（❷）、別に取ってあったものを2番目に移し（❸）ます。

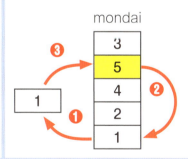

02.

ブロックをクリックして正しく動くことを確かめておきましょう。

119

03.

次のワーク4では、この位置に最大値とn番目の数を交換する仕事を追加します。

図2の内容

```
douzo ▼ を受け取ったとき
n ▼ を mondai ▼ の長さ にする
n < 2 まで繰り返す
    x ▼ を mondai ▼ の 1 番目 にする
    bangou ▼ を 2 にする
    bangou > n まで繰り返す
        もし x < mondai ▼ の bangou 番目 なら
            x ▼ を mondai ▼ の bangou 番目 にする
        bangou ▼ を 1 ずつ変える
    n ▼ を -1 ずつ変える
```

04.

```
douzo ▼ を受け取ったとき
n ▼ を mondai ▼ の長さ にする
n < 2 まで繰り返す
    x ▼ を mondai ▼ の 1 番目 にする
    bangou ▼ を 2 にする
    bangou > n まで繰り返す
        もし x < mondai ▼ の bangou 番目 なら
            x ▼ を mondai ▼ の bangou 番目 にする
        bangou ▼ を 1 ずつ変える
    t ▼ を mondai ▼ の n 番目 にする
    mondai ▼ の n 番目を x で置き換える
    mondai ▼ の mondai ▼ 中の x の場所 番目を t で置き換える
    n ▼ を -1 ずつ変える
```

数を並べ替えてみよう

第11章

複雑な図形を描いてみよう

ここで学ぶこと

関数（新しいブロック）。再帰呼び出し。

ゴールと道すじ

ゴール

再帰呼び出しを理解し、それを使って複雑な図形を描くこと

道すじ

(1) 円を描くブロックを作って、ブロックの使い方を練習します
(2) 再帰呼び出しを含むブロックを使って複雑な図形を描きます

円を描くブロックを作る

ネコでも問題ないのですが、図を描くプログラムですからネコを削除して鉛筆のスプライト を追加しましょう。

この章では「ペン」と「ブロック」を使います。画面の左端にあるブロックカテゴリに新しく命令ブロックを作る「ブロック定義」や「拡張機能」のボタンがあります（図1）。

「第3章　図形を描こう」でも使いましたが、図を描くときに使う「ペン」は「拡張機能」に含まれています。「拡張機能」ボタンを押して「ペン」を選び、ペンが使えるようにして次へ進みましょう。

図1

鉛筆のコード

　図2は、3章で作った円を描くプログラムです。このプログラムをもとにして、円を描く命令ブロックを作ります。

　ブロックを作るのは「同じ仕事を何度も繰り返すとき」です。だから、最初に一度だけ実行する仕事はブロックの中に含めないのが普通です。ただし、プログラムを見やすくするためにブロックにまとめることはあります。

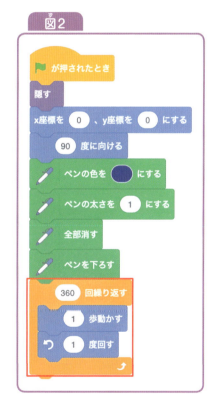

　ブロックにするのは、図2の赤い線で囲んだ「円を描く部分」です。
　描き始めの位置や向き、ペンの色などはブロックの外側で決めます。

　ブロックを作るときは、ブロックカテゴリで「ブロック定義」を選びます（図3）。

　すると、ブロックパレットの一番上に「ブロックを作る」ボタンが表示されます（図4）から、これをクリックしましょう。

123

「ブロックを作る」パネルが表示されたら、ブロックの名前を「en」とします（図5）。
日本語入力が得意なら、「円を描く」のような名前の方がわかりやすいでしょう。いつでも、何をするブロックかがわかりやすい名前をつけるように工夫しましょう。

図5

「画面を再描画せずに実行する」に✓を入れると、図を描いている途中が表示されず、結果だけが表示されるようになります。その代わり実行が速くなるので、描画に時間がかかるときはチェックを入れます。円を描くのは時間がかかるので、✓を入れてから「OK」を押しましょう。

「OK」を押すと、ブロックパレットに en という新しいブロックが追加されます。コードエリアには 定義 en が表示されます。これはプログラムの中で en を使ったときに実行される仕事の中身を書く場所です。

ターボモード

メニューで「編集 ⇒ ターボモードにする」を選ぶと、描画が速くなります。なお、「再描画せずに実行する」ときの速さは変わりません。

☐ **01.** 定義 en に続けて、図2の赤い線で囲んだブロックを並べて、新しい命令ブロック「en」を作りましょう。

複雑な図形を描いてみよう

新しく作ったブロック en を使うと 定義 en の中身が実行されます。だから、図6で左側の「円を描く」プログラムと、右側のブロック en を使ったプログラムは全く同じ動きをします。左右を見比べて、ブロックの働きを理解しましょう。

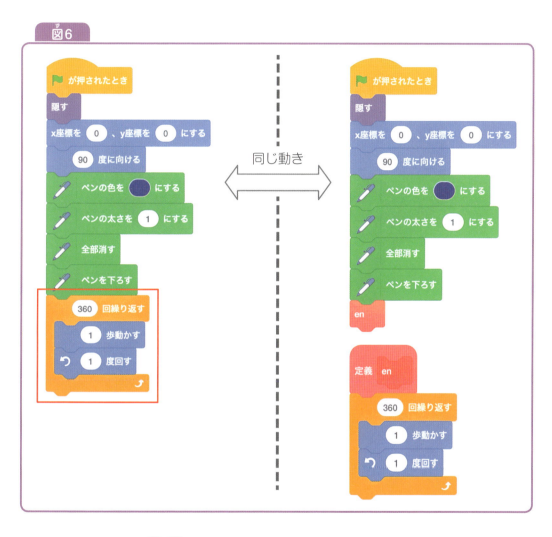

新しい命令ブロック en を使うと円が簡単に描けるようになりました。

☐ **02.** ▶を押したとき6度ずつ回しながら60個の円を描くプログラムを作りましょう。

↺ 6 度回す 、 60 回繰り返す 、 en を使います。

C曲線

複雑な図形の最初は下のような「C曲線」です。

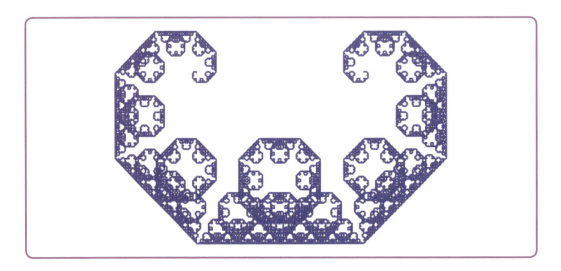

新しいプロジェクトを作って、「C曲線」などの名前をつけましょう。

図7を見てください。「0」はまっすぐな線ですが、その真ん中を90度に折り曲げると「1」の形になります。

さらに、「1」の2本の線のそれぞれで真ん中を90度に折り曲げると「2」になります。なお、「2」の底の部分は2本の線がつながっています。

「2」に含まれる4本の線を、もう一度折り曲げると「3」になります。

これを繰り返すと複雑な曲線が描けるのです。

プログラムを作りましょう。ネコのスプライトを削除し、鉛筆のスプライトを追加します。さらに、拡張機能のボタンから「ペン」を使えるようにしたら、スタートです。

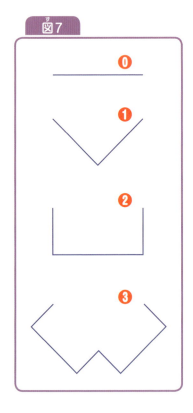

図7

鉛筆のコード

　最初に作るのは、今の場所から指定された長さのまっすぐな線を引く命令ブロックです。図7の「❶」の線です。 のときと同じように、書き始めの場所に移動したり、ペンを下げたりという仕事はブロックの外で済ませておくことにします。

　ブロックパレットの「ブロック定義」を押して、表示された「ブロックを作る」を押します。図8のパネルが表示されるので、新しいブロックの名前として❶の場所に半角文字で「C」と指定しましょう。

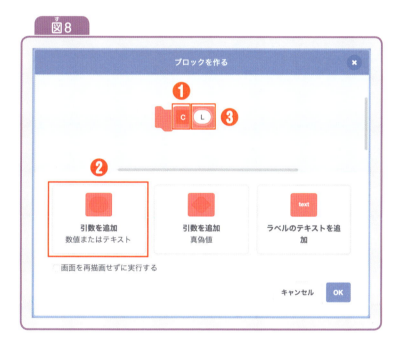

　次に❷の「引数を追加」ボタンを押すと、❸の窓が開くので線の長さの名前として半角文字で「L」と指定しましょう。引数というのは、ブロックの窓に指定する値のことです。「画面を再描画せずに実行する」は☑を入れずに「OK」を押します。

　ブロックパレットには 、コードエリアには が表示されましたか？

　命令ブロック には窓があります。この窓に指定した数は、 の中では として使えます。 を使うときは、 のLをドラッグして持ってきます。

 の中身を図9のようにして始めましょう。

図9で、ブロックの定義と使い方を理解してください。C(100)は、定義の中身で置き換えられ、Lのところには100が入ります。それで、「100歩動かす」と同じことになるのです。

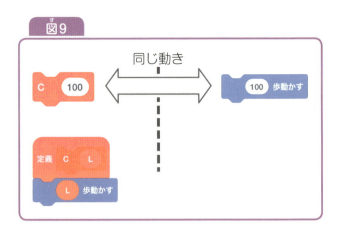

□ 03. C( )を使って、▶を押したとき長さが100歩の線を引くプログラムを作りなさい。描き始めの位置はx座標を-100、y座標を100にする、向きは90度に向けるとしましょう。ペンを下ろすのを忘れないように。

今はまだ、まっすぐな線を引くだけのプログラムですが、これを加工して折れ曲がった線も引けるようにしましょう。新しい引数「J」を追加して、Jが0のときはまっすぐな線、1以上のときは折れ曲がった線を描くようにします。

引数を追加するには、図10に示すようにブロックパレットの中にあるC( )を「右クリック」して編集を押します。

図11のように「ブロックを作る」が表示されたら、❶の「引数を追加」を押します。すると❷の窓が開くので新しい引数の名前として半角文字で「J」を指定して「OK」を押しましょう。

ここでは混乱を避けるためすべて半角文字にしましたが、ブロックや引数の名前は全角文字でも構いません。

図11

引数を追加したので、ブロックの呼び出しは窓が1つ増えて　　　に、定義は　　　に変わります。

これから修正する内容を下の図で説明します。

新しい引数「J」が0のときはまっすぐな線を引くだけですが、0でないときは直角二等辺三角形の2辺を描くようにします。

黄色の矢印 ⇒ は、書き始めと書き終わりのスプライトの向きを表しています。

Jが0より大きいときも、書き終わりの位置と向きはJが0のときと変わらないようにします。

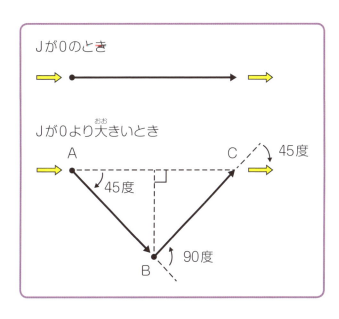

129

ABとBCの長さは、どちらもおよそACの長さ（L）を1.414で割った値 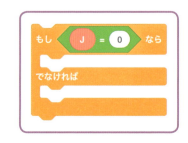 になることがわかっています。コンピュータの世界では、割り算の記号は「÷」ではなく「/」を、掛け算の記号は「×」ではなく「*」を使います。覚えておきましょう。

Jが0かどうかを調べるとき、「Jが0のときと、そうでないとき」に分けるのが自然です。でもプログラムは、後からどんな使い方をするかわかりません。もし間違ってJが0より小さくなったら…と考えると、ここでは「Jが0より大きいときと、そうでないとき」に分けておく方がよいでしょう。なぜなら、Jが0より小さいときは直線を描くだけになるので、プログラムが暴走する可能性が少し低くなると期待できるからです。

異常な値への配慮は、プログラミングのコツの1つです。

複雑な図形を描いてみよう

☐ **04.** Jが0より大きいときはABとBCの線を描くようにプログラムを直しなさい。上で説明したように、「Jが0より大きいときと、そうでないとき」を使います。最初にAで右に45度回ってから進み、Bでは左に90度回ってから進みます。最後に右に45度回って元の向きに戻します。呼び出しは 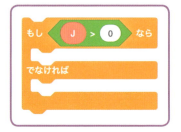 にしましょう。

上の問題で線を描くときに使ったブロック ![L/1.414 歩動かす] の代わりに ![C L/1.414 0] を使っても描けるはずですね。Jが0のときはまっすぐな線を引くだけだから同じことです。そうすると、命令ブロック ![C ○ ○] の中で ![C ○ ○] を使うことになります。このように、命令ブロックの中で自分自身を呼び出すやり方を「**再帰呼び出し**」といいます。

単に自分で自分を呼び出すだけでは処理が前に進みません。先に追加した引数「J」は自分を呼び出す回数を数えるために使います。つまり、1回呼ぶごとに「J」を1ずつ小さくして、0になったら自分を呼び出さずにまっすぐな線を描くようにします。

定義 [定義 C L J] の中で自分を呼び出すところは [C L /1.414 J -1] になります。

□ **05.** ワーク4のこたえで、[L /1.414 歩動かす] を [C L /1.414 J -1] で置き換えて再帰呼び出しをするようにプログラムを書き替えなさい。🏳を押したときの呼び出しでは、Lを200、Jを10にしましょう。

　ここで描いた図形は全体で英字のCの形をしているので「C曲線」と呼ばれています。
　「J」の値を0、1、2、3と順に変えて、図形の変化を観察しましょう。「J」を大きくすると図形はどんどん複雑になり、時間が長くかかるようになります。なお、最初に例として示したC曲線はJ=14のものです。
　引数「J」を追加したときのようにして「ブロックを作る」パネルを表示し、「画面を再描画せずに実行する」にチェックを入れて「OK」すると実行が速くなります。ターボモードを使うのもよいでしょう。

ドラゴンカーブ

　下の図のような曲線は、ドラゴンカーブと呼ばれています。ドラゴンカーブは不思議な形をしていますが、紙テープを同じ向きに何度か折ってから、折り目を90度になるように開いたときの形です。

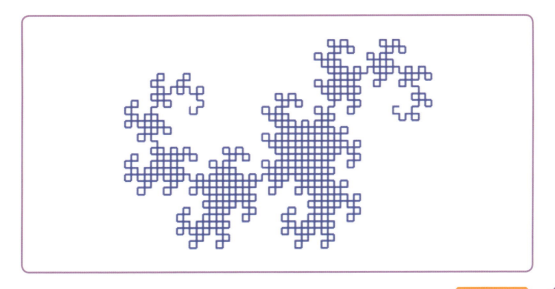

3回折ってから開くと、図12の青い線のようになりますね。黒の破線は、2回折ってから開いたときの形です。

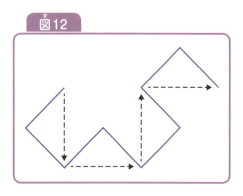

図12

折り目を見るとわかりますが、折り目は黒い矢印で示された進行方向の右側と左側に交互にできています。

C曲線ではいつも右側に折り目を作る形でしたが、右と左に交互に折り目を作るようにするとドラゴンカーブが描けるのです。

C曲線では、右に45度、左に90度、右に45度の順に回りました。これによって、右側に折り目をつけた形ができました。左側に折り目をつけるなら、次の図のように左に45度、右に90度、左に45度の順に回ればよいことがわかりますね。

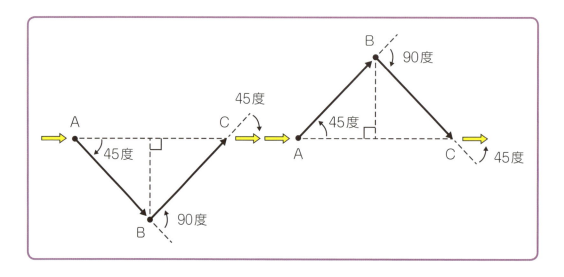

複雑な図形を描いてみよう

プロジェクトをコピーする

　Ｃ曲線と似たところが多いので、Ｃ曲線のプロジェクトをコピーしてドラゴンカーブを作ります。
　画面右上のフォルダマーク を押し、「Ｃ曲線」のプロジェクトの「中を見る」を押すと、Ｃ曲線のプロジェクトが表示されます。

　表示されたＣ曲線のプロジェクトで「ファイル」⇒「コピーを保存」に進むと、そのプロジェクトのコピーが作成され、表示されます。

　プロジェクトの名前をクリックして「dragon」に書き換えましょう。

プログラムを修正する

　先に説明しましたが、Ｃ曲線とドラゴン曲線の違いは「いつも右側」に角を作るか、「左右交互」に作るかの違いです。そこで、もう1つ引数Ｓを追加して右か左かを知らせることにしましょう。また、ブロックの名前もdragonに変えておきましょう。

　ブロックカテゴリ「ブロック定義」にあるＣ曲線を描くブロック をマウスの「右ボタン」でクリックし、「編集」を押します。

「ブロックを作る」パネル（図13）が表示されたら、❶の名前をクリックして「dragon」に変更します。❷の「引数を追加」ボタンを押すと❸の窓が開くので、変数名「S」を半角文字で指定しましょう。ドラゴンカーブも描画する様子がおもしろいので、❹の「画面を再描画せずに実行する」の☑を外してから「OK」を押します。

図13

右に角を作るか左にするかは、回す方向で決まります。ですから左へ ⟲ 45 度回す を右へ ⟳ 45 度回す のようにそれぞれ置き換えてもいいのですが、ここでは負の数を使った別なやり方をします。

負の数は「座標」のところに出てきましたが覚えていますか？ ステージの右端のx座標は240ですが、左に進むと値が小さくなり、中央で0になります。0を過ぎてさらに左に進むと、数字にマイナス「-」がつき、左端のx座標は-240です。0よりも小さい数を負の数と呼び、マイナス符号をつけて表します。0よりも大きい数は正の数と呼びます。

方向も同じです。Scratchでは、真上が0度、右が正、左が負になっています。

複雑な図形を描いてみよう

134

回す角度が負の数のときは逆方向に回ります。たとえば、[↻ -45 度回す] は [↺ 45 度回す] と同じ意味になります。

正の数に-1を掛けると負の数に、負の数に-1を掛けると正の数になります。このことを使って [S] の値で回る方向を簡単に決めることができます。[S] を掛けてから使うと、次の表のように-1のときは逆方向に回ります。

	[S]が1のとき	[S]が-1のとき
[↻ S・45 度回す] は	[↻ 45 度回す] と同じ	[↺ 45 度回す] と同じ
[↺ S・90 度回す] は	[↺ 90 度回す] と同じ	[↻ 90 度回す] と同じ

☐ **06.** [↻ S・45 度回す] と [↺ S・90 度回す] を使ってドラゴンカーブを描くプログラムを完成させましょう。
dragonの中には [dragon L/1.414 J-1] が2回現れます。前の方はSに1を、後の方では-1を指定しましょう。最初の呼び出しは、[dragon 200 10 1] です。

ドラゴンカーブの性質

ドラゴンカーブは複雑な形をしていますが、曲線は交わることがありません。つまり、接している点はたくさんありますが横切ることがありません。折り曲げた紙テープを伸ばしたときと同じですね。

また、この曲線を90度回転しても交わらないという性質があります。これをプログラムで見ることにしましょう。

☐ **07.** これから4つのドラゴンカーブをステージに描くので、大きさと位置を調整します。
ワーク6のこたえを次のように変更しましょう。色を変えて描きたいので、色の指定を追加しています。また、折り曲げの数「J」が大きいと見にくいので8にします。

135

描き始めの位置	x座標が0、y座標が0
描き始めの向き	0度
ペンの色（追加）	赤
dragonの呼び出し	dragon 150 8 1

　90度回転したドラゴンカーブを描くには、どうしたらいいでしょう？
　描き始めの位置は同じで、描き始めの向きを90度変えておくだけで描けますね。
　ただし、描き始めの位置に戻るときにペンを上げておかないと余計な線が残ります。また、「全部消す」は最初の1回だけです。区別のためにペンの色を変えておきましょう。
　すると、右のようなブロック並びになります。

08.

ワーク7のこたえをもとにして、描き始めの向きが0度、90度、180度、270度のドラゴンカーブを描きなさい。
なお、270度は-90度と同じです。

複雑な図形を描いてみよう

こたえと説明

01.

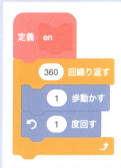

ペンの位置や向きなどの指定を除いて、円を描く部分だけをブロックの処理にしました。

このブロックは で呼び出せます。

02.

もちろん、ブロック の定義は変わりません。

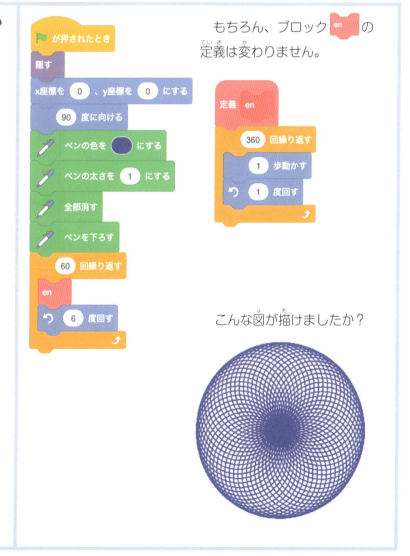

こんな図が描けましたか？

03.

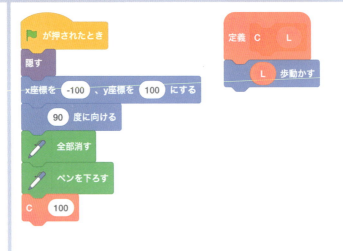

　第3章でも説明しましたが、鉛筆が邪魔をしないように「隠す」を入れています。また、以前に描いた線が残らないように「全部消す」を使っています。

04.

複雑な図形を描いてみよう

07.

定義 の中身は変わりません。

08.

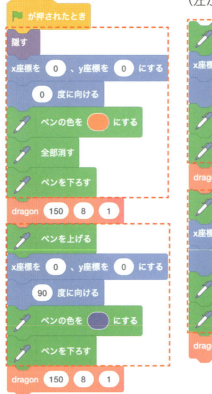

（左からのつづき）

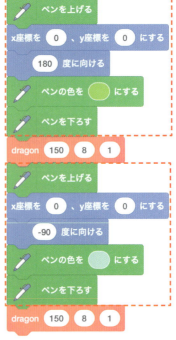

（右につづく）

途中で分けましたが、プログラムは1つにつないでください。
dragonの定義は同じです。
赤の破線で囲んだのは、1本目から4本目のドラゴンカーブを描く前の準備をしているところです。

複雑な図形を描いてみよう

付録

よく使う操作や困ったときのヒント

ブロックの窓にはめ込む

変数などをブロックの窓にはめ込むときは、白い輪の表示に注意しましょう。白い輪が部品が入る場所を示しています。次の例を見てください。

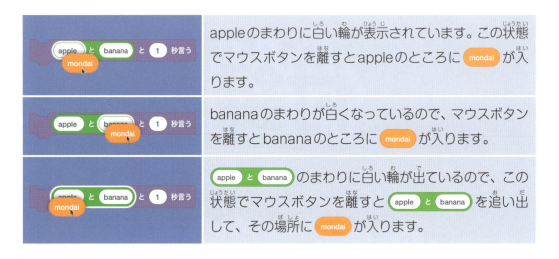

もとに戻す

プログラムを作っていて、間違ってブロックを消してしまったときなど、キーボードの「コントロール（Ctrl）」キー（Macの場合はcommandキー）を押したままで「Z」キーを押すと、もとに戻すことができます。状況によりますが、続けて押すといくつか戻れます。

コピーと公開

　プログラムを別なところにコピーして使うことがよくあります。次の図はScratchのコードをコピーするいろいろな方法を示しています。

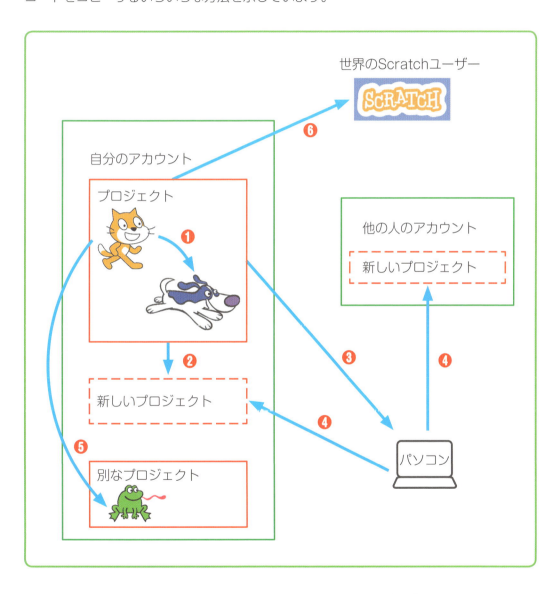

❶ スプライトからスプライトへ
❷ プロジェクトのコピー
❸ パソコンに保存する
❹ パソコンから読み込む
❺ バックパックを使う
❻ プロジェクトを共有する

スプライトからスプライトへ

あるスプライトのコードを別なスプライトのコードにコピーすることができます。

　コピーしたいコードをつまんで、スプライトリストに表示されている別なスプライトの上にドラッグします。
　右の図はイヌのコードエリアのブロックをアヒルにコピーしているところです。

プロジェクトのコピー

画面上部のメニューでファイルをクリックして、「コピーを保存」を選びます。

　プロジェクトの名前が「… copy」になります。これはもとのプロジェクトではなく、コピーされたプロジェクトが開いた状態です。
　すぐに新しい名前をつけておきましょう。

よく使う操作や困ったときのヒント

144

パソコンに保存する

「直ちに保存」や「コピーを保存」を使うと、プロジェクトはインターネットの先にあるコンピューターに保存されます。でも、自分のパソコンに保存することもできます。

自分のパソコンに保存したプロジェクトは、自分のアカウントでも別なアカウントでも読み込めます。

なお、**スクラッチ・デスクトップ**という無料のプログラムを自分のパソコンにインストール（使えるようにすること）すると、ネットワークが使えないところでも作業できます。

画面上部のメニューでファイルをクリックして、「コンピューターに保存する」を選ぶと、自分のコンピューターに保存されます。

このプロジェクトの名前は「図形1」なので、「図形1.sb3」という名前のファイルができます。

ファイルが保存される場所は、ふつうは自分のパソコンの「**ダウンロード**」というフォルダですが、別な場所にすることもできます。

● Windowsの場合

画面の一番下にダウンロードしたファイルが表示されます。ファイル名の右の「∨」をクリックして、「フォルダを開く」を選ぶと確認できます。このファイルは**Scratchだけ**で使えるファイルです。

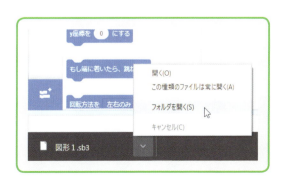

付録

145

●Macの場合

画面右下のゴミ箱の左に、「ダウンロード」アイコンがあります。このアイコンをクリックすると、ダウンロードしたファイルを確認できます。

パソコンから読み込む

自分のパソコンに保存したプロジェクトのファイルをScratchに読み込むことができます。読み込むときのアカウントは、自分のものでも、他の人のものでも構いません。

そのときに開いていたプロジェクトは上書きされるので、==新しいプロジェクトを開いてから==読み込みましょう。

画面上部のメニューでファイルをクリックして、「コンピューターから読み込む」を選びます。

すると、保存されているsb3ファイルが表示されるので、読み込みたいファイルを選びましょう。このとき、次の表示が出ます。

これは、読み込みを実行すると「そのときに開いているプロジェクトの内容が失われます」という警告です。「OK」をクリックすると読み込みが完了し、そのプロジェクトが開いた状態になります。

バックパックを使う

バックパックは、作ったコードをしまっておくことができるリュックサックのことです。「**サインイン**」していないと使えません。

画面の一番下にあるバックパックと書かれた部分をクリックすると、内容を見ることができます。もう一度クリックすると内容が見えなくなります。
何も入っていないときは「バックパックは空です」と表示されます。

バックパックに入れるときは、「スプライトからスプライトへ」コピーしたときと同じように、コードエリアのブロックのかたまりをドラッグしてバックパックに落とします。これでコピーがバックパックに保存されます。

どのプロジェクトの、どのスクリプトのコードでも同じバックパックに保存されます。バックパックはアカウントごとに1つです。バックパックの内容は、ブロックのおよその形で示されています。

バックパックから取り出すときは、入れるときと同じようにつまんで取り込み先のスプライトのコードエリアにドラッグします。何度でも取り出すことができます。

バックパックに入れたコードを削除するときは、削除したいコードをマウスで右クリックして「削除」を選びます。削除のメニューが表示されないときは、バックパックを一度閉じて開き直すか、「直ちに保存」を実行してみましょう。

プロジェクトを共有する

共有するというのは、世界中のScratchユーザーに自分のプロジェクトを公開することです。公開されたプロジェクトは、他のユーザーが実行したり、意見（コメント）を書いたり、それをもとにして自分のプログラムを作ったり（リミックス）できます。

共有したいプロジェクトを開いて「共有する」をクリックします。

それだけで共有され、他のユーザーから見ることができるようになります。
図1のプロジェクトページが表示されるので、他のユーザーのためにプロジェクトの名前を工夫し、使い方などの説明を加えましょう。

図1

共有（公開）したプロジェクトを、他のユーザーに伝える方法が3つあります。

1. プロジェクトのリンクを教える

プロジェクトページの「リンクをコピー」をクリックし、図2の「リンクをコピー」すると、リンクがクリップボードにコピーされます。これをメールに貼り付けるなどして伝えます。

図2

2. 自分のプロフィールへのリンクを教える

次のアドレスで {user-name} のところに自分のユーザー名を入れると、自分のプロフィールページへのリンクになります。

https://scratch.mit.edu/users/{user-name}/

これを他のユーザーに伝えると、そこから自分が共有しているプロジェクトに進むことができます。

3. スタジオを作って招待する

画面の右上の 🗂 を押して「私の作品」を表示します（図3）。

図3

「新しいスタジオ」をクリックしてスタジオを作ってから、「追加する」をクリックしてプロジェクトをスタジオに追加します。

　プロジェクトの共有を止めるときは、図3の「共有しない」をクリックします。

動かないとき

　プログラムの誤りを「**バグ**」、バグを修正する作業を「**デバッグ**」といいます。プログラムには誤りがつきものです。嫌な作業とされがちですが、プログラムの誤りを見つけて直すデバッグはプログラム作りでの重要な仕事です。嫌がらずに落ち着いて考えるのであれば、デバッグは**手順を考える力**を育てます。

　プログラムが思うように動かないときのために、ヒントを以下にまとめておきます。
　あたりまえですが、「誤りを見つけて」「直す」のがデバッグの手順です。ここで大切なのは「**よく考えること**」です。いろいろと直して試すというやり方をよく見かけるのですが、それではいつになったら正しく動くようになるのかわかりません。仮に解決できたとしても、何が原因だったのかわからないままです。気持ち悪くありませんか？

　起こっていることから原因を推理しながら、少しずつ問題のある場所を狭めていって原因を見つけるのが有効な方法です。プログラムの途中で止めて、そこまでの処理が正しいか確かめながら進みます。原因を少しずつ絞り込むのはパズルのような面白さがあります。

　プログラムをふたつに分けてどっちに原因があるかを調べるとか、プログラムの途中に `秒待つ` を入れてそこまでの動きや変数の値を調べるなど、工夫してバグを見つけ出しましょう。
　なお、Scratchにはプログラムの誤りを調べるための特別な機能は提供されていません。

よくあるトラブルの原因

半角文字と全角文字の間違い

ブロックの白い窓に指定する数字は**半角文字**でなければなりません。ところが全角文字で数字を指定する誤りが多く見られます。見た目では、ほとんど区別できないので十分に注意しましょう。

漢字と英字を比べると、文字の幅が違います。幅が広い漢字は全角文字、幅が狭い英字や数字は半角文字です。ところが全角の英字や数字もあるので注意が必要です。

Windowsパソコンであれば、半角の文字はキーボードの左上の半角/全角キーを使って半角入力モードに切り替えてから入力します。キーを押したときに「あ」が表示されたら全角、「A」が表示されたら半角入力モードです。一方、Macパソコンであれば、英数キーとかなキーで半角数字と全角数字を切り替えられます。

ブロックが隠れている

コードエリアの見えないところに思わぬブロックが残っていて、変な動きになることがあります。

コードエリアでマウスを**右クリック**して、表示されるメニューから「きれいにする」を選ぶと、見つけやすくなります。

さがしものと同じで、プログラムをきれいに片付けておくのが基本ですね。

ステージからはみ出して動いた

　スプライトがステージの外に出ると行方不明になるので、Scratchが位置や向きを調整します。そのときに、プログラムの関わらないところで位置や向きが変わるので、図形がゆがむなどします。ステージからはみ出さないようにするか、位置と向きをもう一度指定するなどしましょう。

ブロックが壊れた

　プログラムが暴走したときなどに、ブロックが持っている内部データが壊れて正しく動作しなくなることがあります。 ●歩動かす のようなブロックの白い窓にとても大きな数字を入れたり、変数や「演算」カテゴリのブロックをはめたり、はずしたりを何度も繰り返したときに起きやすいようです。

　壊れたブロックを、ブロックパレットから取り出した新しいブロックで置き換えると動くようになります。

スプライトに問題がある

　ステージの端で跳ね返るときに変な動きをするボールとか、「ド」の音だけ出ない電子ピアノなど、スプライトに問題があると思われるものがありました。

　どうしても問題が残るときは、別なスプライトで試してみましょう。

Scratchが不調になっている

　修正を繰り返したり、プログラムが暴走したときなど、Scratchの動作がおかしくなることがあります。

　そんなときは「直ちに保存」してからブラウザを閉じ、サインインからやり直しましょう。

付録

ローマ字/かな対応表

	A	I	U	E	O
あ行	あ **A**	い **I**	う **U**	え **E**	お **O**
	ぁ **LA**	ぃ **LI**	ぅ **LU**	ぇ **LE**	ぉ **LO**
か行 **K**	か **KA**	き **KI**	く **KU**	け **KE**	こ **KO**
	きゃ **KYA**	きぃ **KYI**	きゅ **KYU**	きぇ **KYE**	きょ **KYO**
さ行 **S**	さ **SA**	し **SI** / **SHI**	す **SU**	せ **SE**	そ **SO**
	しゃ **SYA** / **SHA**	しぃ **SYI**	しゅ **SYU** / **SHU**	しぇ **SYE** / **SHE**	しょ **SYO** / **SHO**
た行 **T**	た **TA**	ち **TI** / **CHI**	つ **TU** / **TSU**	て **TE**	と **TO**
			っ(注1) **LTU** / **XTU**		
	ちゃ **TYA** / **CYA** / **CHA**	ちぃ **TYI** / **CYI**	ちゅ **TYU** / **CYU** / **CHU**	ちぇ **TYE** / **CYE** / **CHE**	ちょ **TYO** / **CYO** / **CHO**
	てゃ **THA**	てぃ **THI**	てゅ **THU**	てぇ **THE**	てょ **THO**
な行 **N**	な **NA**	に **NI**	ぬ **NU**	ね **NE**	の **NO**
	にゃ **NYA**	にぃ **NYI**	にゅ **NYU**	にぇ **NYE**	にょ **NYO**
は行 **H**	は **HA**	ひ **HI**	ふ **HU** / **FU**	へ **HE**	ほ **HO**
	ひゃ **HYA**	ひぃ **HYI**	ひゅ **HYU**	ひぇ **HYE**	ひょ **HYO**
	ふぁ **FA**	ふぃ **FI**		ふぇ **FE**	ふぉ **FO**
ま行 **M**	ま **MA**	み **MI**	む **MU**	め **ME**	も **MO**
	みゃ **MYA**	みぃ **MYI**	みゅ **MYU**	みぇ **MYE**	みょ **MYO**

	A	I	U	E	O
や行 **Y**	や **YA**	い **YI**	ゆ **YU**	いぇ **YE**	よ **YO**
	ゃ **LYA**	ぃ **LYI**	ゅ **LYU**	ぇ **LYE**	ょ **LYO**
ら行 **R**	ら **RA**	り **RI**	る **RU**	れ **RE**	ろ **RO**
	りゃ **RYA**	りぃ **RYI**	りゅ **RYU**	りぇ **RYE**	りょ **RYO**
わ行 **W**	わ **WA**	うぃ **WI**	う **WU**	うぇ **WE**	を **WO**
ん **N**	ん **NN**	ん **N**			
が行 **G**	が **GA**	ぎ **GI**	ぐ **GU**	げ **GE**	ご **GO**
	ぎゃ **GYA**	ぎぃ **GYI**	ぎゅ **GYU**	ぎぇ **GYE**	ぎょ **GYO**
ざ行 **Z**	ざ **ZA**	じ **ZI** / **JI**	ず **ZU**	ぜ **ZE**	ぞ **ZO**
	じゃ **ZYA** / **JA**	じぃ **ZYI**	じゅ **ZYU** / **JU**	じぇ **ZYE** / **JE**	じょ **ZYO** / **JO**
だ行 **D**	だ **DA**	ぢ **DI**	づ **DU**	で **DE**	ど **DO**
	ぢゃ **DYA**	ぢぃ **DYI**	ぢゅ **DYU**	ぢぇ **DYE**	ぢょ **DYO**
	でゃ **DHA**	でぃ **DHI**	でゅ **DHU**	でぇ **DHE**	でょ **DHO**
ば行 **B**	ば **BA**	び **BI**	ぶ **BU**	べ **BE**	ぼ **BO**
	びゃ **BYA**	びぃ **BYI**	びゅ **BYU**	びぇ **BYE**	びょ **BYO**
ぱ行 **P**	ぱ **PA**	ぴ **PI**	ぷ **PU**	ぺ **PE**	ぽ **PO**
	ぴゃ **PYA**	ぴぃ **PYI**	ぴゅ **PYU**	ぴぇ **PYE**	ぴょ **PYO**
ヴぁ行 **V**	ヴぁ **VA**	ヴぃ **VI**	ヴ **VU**	ヴぇ **VE**	ヴぉ **VO**

注1) 促音は後ろに子音を2つ続ける（例：だった→DATTA）

154

● 著者紹介

古金谷 博（こがねや ひろし）
東京工業大学大学院から計算機メーカーに就職。5年後に会社を設立し、残業にも納期遅れにも無縁で30年近くソフトウェア開発を楽しむ。プログラミングの著書が数冊。その後は大学の非常勤講師や子ども向けの教室などで分かりやすく楽しい解説に徹してプログラミングの教育活動を続けている。神戸市在住。趣味はサックス。

「学習指導計画の指針」のダウンロードについて

本書は1コマ90分程度の講習に使えるように構成されています。指導の際の参考資料となる「学習指導計画の指針」をダウンロードするには、以下の手順に従ってください。

①本書を紹介している以下のWebページをブラウザで開いてください。
　https://shop.nikkeibp.co.jp/front/commodity/0000/P60360/
②開いたWebページにある「関連リンク」の「学習指導計画の指針のダウンロード」をクリックしてください。

●本書についてのお問い合わせ方法、訂正情報、重要なお知らせについては、下記Webページをご参照ください。なお、本書の範囲を超えるご質問にはお答えできませんので、あらかじめご了承ください。
　http://ec.nikkeibp.co.jp/nsp/
●ソフトウェアの機能や操作方法に関するご質問は、ソフトウェア発売元の製品サポート窓口へお問い合わせください。

たのしく考える力が身につくScratchワークブック
Scratch 3.0対応

2019年9月17日　初版第1刷発行

　著　　者　古金谷 博
　発 行 者　村上 広樹
　編　　集　田部井 久
　発　　行　日経BP
　　　　　　東京都港区虎ノ門4-3-12　〒105-8308
　発　　売　日経BPマーケティング
　　　　　　東京都港区虎ノ門4-3-12　〒105-8308
　装　　丁　コミュニケーションアーツ株式会社
　DTP制作　株式会社シンクス
　印刷・製本　図書印刷株式会社

本書に記載している会社名および製品名は、各社の商標または登録商標です。なお、本文中に©、®マークは明記しておりません。
本書の例題または画面で使用している会社名、氏名、他のデータは、一部を除いてすべて架空のものです。
本書の無断複写・複製（コピー等）は著作権法上の例外を除き、禁じられています。購入者以外の第三者による電子データ化および電子書籍化は、私的使用を含め一切認められておりません。

© 2019 Hiroshi Koganeya
ISBN978-4-8222-5349-3　　Printed in Japan